Nach Jerusalem müssen wir fahren

Das Reisetagebuch des Pädagogen und Missionars Johann Ludwig Schneller im Herbst 1854

Übertragen und herausgegeben
von Jakob Eisler und Arno G. Krauß

arteMedia • johannis

Die Deutsche Bibliothek – CIP-Einheitsaufnahme

Eisler, Jakob/Krauß, Arno G. (Hrsg.):
Nach Jerusalem müssen wir fahren
Das Reisetagebuch des Pädagogen und Missionars
Johann Ludwig Schneller im Herbst 1854
arteMedia und johannis 2002
ISBN 3-905290-30-8 (WINTELER)
ISBN 3-501-1459-7 (johannis)

ISBN 3-905290-30-8 (WINTELER)
ISBN 3-501-1459-7 (johannis)

www.arte-media.ch
Umschlaggestaltung:
Victor Winteler unter Verwendung eines
Aquarells von Gustav Bauernfeind (1848–1904).
Druck: St. Johannis-Druckerei, 77922 Lahr
Printed in Germany

Inhalt

Vorwort

Im Dienst der gerade vierzehn Jahre alten Pilgermission St. Chrischona reiste Johann Ludwig Schneller 1854 nach Jerusalem. Die Pilgermission in dem Bergkirchlein St. Chrischona oberhalb von Bettingen war eine sehr kleine und arme Institution. Nur zwölf Schüler führt die Liste der Absolventen bis 1847 auf. Sie wurden von zwei Lehrern betreut und unterrichtet: von Gottlieb Schlatter (1841–1844) und Johann Jakob Heim (1844–1846). Nach mehrmonatiger Vakanz am Ende des Jahres 1846 geht es ab 1847 mit Schneller und Schlienz aufwärts. Zuerst zieht im Januar der ehemalige Basler Missionar Christoph Friedrich Schlienz (1803–1868) als Vorsteher und Lehrer der vier Schüler in sein Zimmer im zweiten Stock des Chrischona-Kirchturms ein. Kurz nach ihm kam Schneller als ausgebildeter Lehrer; jetzt kann eine neue Schülerklasse aufgenommen werden. Schlienz versah seinen prägenden Dienst bis an sein Lebensende; Schneller arbeitete sieben Jahre lang auf dem Berg und prägte in dieser Zeit die »Zöglinge« beziehungsweise »Brüder« (=Schüler) nicht weniger als Schlienz.

Während der kränkliche Schlienz als nachgiebig und milde geschildert wird, war der energische Schneller streng und hart zu sich selbst und forderte die Schüler ebenso. Ein Ziel seiner pädagogischen Arbeit sah er darin, ihnen Armut und Selbstverleugnung, etwa durch mäßiges Essen, zu lehren. Wichtig wurde für die Geschichte der Pilgermission, dass er die Sonntagsversammlungen förderte, die Schüler im nahegelegenen Wiesental und im Baselbiet hielten. Diese erbaulichen Versammlungen stärkten den Pietismus in der Region Basel und Lörrach. Auf Schnellers Betreiben konnte 1851 Christiane Pregizer (1798–1867) aus Rudersberg bei Schorndorf als Köchin eingestellt werden. Sie soll in der Küche, die anfangs im Erdgeschoss des Kirchturmes untergebracht war, in dreizehn Jahren Tätigkeit mehr als hundert Schülern das Kochen beigebracht haben.

Schnellers Berufung zum Leiter des Brüderhauses der Pilgermission in Jerusalem war für ihn eine folgerichtige Lebensführung, fühlte er sich doch schon von Jugend auf zur Mission berufen. Der Inhalt des vorliegenden Tagebuchs ist ein typisches Beispiel für die Missionsfahrt eines frühen Pilgermissionars von St. Chrischona in einer Zeit, in der Reisen noch keine Erholung und der Zweck des Reisens noch nicht der Urlaub war. Schneller führte mit seiner Frau Magdalena die verhältnismäßig große Gruppe von sechs Chrischona-Absolventen, die in Jerusalem auf den Missionsdienst in Äthiopien vorbereitet werden sollten. So ging der Wunsch des Missionsgründers Christian Friedrich Spittler (1782–1867) in Erfüllung, in seinem »Lieblingskind Jerusalem« eine »geistige Werkstätte« einzurichten.

Doch das Jerusalemer Brüderhaus entwickelte sich – wie später auch das Äthiopienprojekt der Pilgermission – nicht in der gewünschten Weise. Schneller fand 1860 seine Lebensaufgabe in dem Waisenhaus, das ursprünglich als Zweig der Pilgermission ins Leben gerufen wurde.

Schnellers Tagebuch führt spannend vor Augen, wie eine windabhängige Segelschifffahrt auf dem Mittelmeer in der Mitte des 19. Jahrhunderts vonstatten ging. Die Beschreibungen des Lebens in Marseille und Alexandria sind sicher nicht nur für Lokalhistoriker interessant. Der Verlust des ersten Kindes und die Geburt des ersten Sohnes Theodor Ludwig im Heiligen Land nehmen den Leser auf persönliche und ergreifende Weise in das Leben einer jungen Missionarsfamilie vor 150 Jahren hinein.

Für die Pilgermission St. Chrischona ist es sehr wichtig, dass die Herren Dr. Ejal Jakob Eisler und Arno G. Krauß dieses historische Kleinod entdeckt und der Öffentlichkeit zugänglich gemacht haben. Ihnen gehört der aufrichtige Dank des Werkes der Pilgermission.

Dr. theol. Jochen Eber
Dozent für Kirchengeschichte am
Theologischen Seminar der
Pilgermission St. Chrischona

Das Syrische Waisenhaus im Jahr 1886.

Einleitung

Das vorliegende Tagebuch wurde vor ca. 150 Jahren von Johann Ludwig Schneller (1820–1896) aus Erpfingen/Württemberg geschrieben. Einem seltenen Zufall ist es zu verdanken, dass dieses Tagebuch wieder aufgefunden wurde.

Ein weiteres Tagebuch verfasste Johann Ludwig Schneller während seiner ersten Stelle als Lehrer in Bergfelden. Sein Sohn Ludwig Schneller (1858–1953) schreibt 1898 darüber: *Solch ein Tagebuch ist ja wie ein vertrauter Freund, dem man alles sagen kann und der nichts ausplaudert, der aber doch nach dem Tode das lange beobachtete Schweigen brechen und zu uns Zurückbleibenden reden darf wie eine Stimme aus der Ewigkeit ...*

Johann Ludwig Schnellers erster Sohn, der Pfarrer D. Theodor Schneller (1856–1935) und damalige Leiter des Syrischen Waisenhauses in Jerusalem, musste am 1. Juli 1918 nach dem Ersten Weltkrieg auf Befehl der englischen Besatzungsregierung die Leitung des Syrischen Waisenhauses an das amerikanische Rote Kreuz abgeben. Das Rote Kreuz, hatte nach einem Jahr das Gelände an die Amerikanische »East Relief Company«, übergeben. Hoffnungslos verließ Theodor Schneller im Juni 1920 mit der Familie sein Jerusalem. Dabei nahm er die ihm wichtigsten Dinge nach Deutschland mit. Im Gepäck waren auch die verschiedensten alten Druckschriften und ein Tagebuch seines Vaters Johann Ludwig Schneller. Dahinter stand der für ihn traurige Gedanke, vielleicht nie mehr an sein geliebtes Waisenhaus zurück kehren zu dürfen. Er kaufte sich ein Haus in Kirchentellinsfurt bei Tübingen und strebte eine Pfarrstelle in Württemberg an.

Überraschend kam im März 1921 seitens der Engländer aus Jerusalem ein Telegramm, ob er die Leitung des Syrischen Waisenhauses unter gewissen Bedingungen wieder übernehmen wolle. Ungläubig fuhr er mit seinem Bruder, dem Pfarrer D. Ludwig Schneller aus Köln, nach Jerusalem. Zu Pfingsten 1921 kamen sie in Jerusalem an. Die Verhandlungen gingen verhältnismäßig rasch voran, so dass am 1. Juli 1921 die Anstalt in Jerusalem an Theodor Schneller übergeben wurde. Er musste gleich in Jerusalem bleiben.

Seine Frau Johanna löste den Haushalt auf, vermietete das Haus und lagerte verschiedene Gegenstände bei ihrem Sohn Paul auf dem Dachboden in Kisten ein. Dessen Sohn entdeckte jetzt bei der Suche nach Unterlagen der Familie Schneller dieses vorliegende Tagebuch der Seereise von Marseille nach Jaffa.

Die mit dem Federhalter durchgeführten Eintragungen sind meist gut lesbar. Schwieriger wird es schon bei den mit Bleistift und bei Seegang beschriebenen Seiten. Diese konnten nicht immer vollständig und eindeutig transkribiert werden.

Die Herausgeber haben versucht, behutsam die damalige Orthographie unserem heutigen Sprachgebrauch anzupassen. Ebenso wurde die Interpunktion angeglichen. Sonst aber wurde wenig am Originaltext verändert und die damalige Schreibweise immer dann beibehalten, wenn die Wortaussage eindeutig war. Bei schwer verständlichen oder aus dem Sprachgebrauch gekommenen Begriffen wurde der alte Begriff mit Fußnoten zum besseren Verständnis erläutert.

Der Leser wird in Schnellers Glaubensleben und Sendungsbewusstsein eingeführt und in eine Welt, weit entfernt von unseren heutigen selbstverständlichen Ansprüchen an Komfort und Service. Trotz aller Unannehmlichkeiten und Missgeschicke vor und während der Seereise kann man überall die Neugier auf Neues, manchmal auch den Humor des Tagebuchschreibers oder seine strenge Art durchblicken sehen. Und das immer wieder durchscheinende kindliche Gottvertrauen sowie seine profunde Bibelkenntnis hat Johann Ludwig Schneller nie in seinem Leben verlassen. Auch im schlimmsten Meeressturm hat er seine Sendung ... ***nach Jerusalem müssen wir fahren*** ... nie aufgegeben.

Den Nachkommen der Familie Schneller in der vierten Generation danken wir für die freundliche Genehmigung zur Veröffentlichung dieses Tagebuchs. Ebenso danken wir der Urenkelin Frau Schultz-Vida aus Bruchsal wie auch Frau Wagner aus Fellbach für die Mithilfe zur Transkribierung schwer lesbarer Passagen des in altdeutscher Schrift geschriebenen Tagebuches und bei der Klärung schwäbischer Ausdrücke.

Jakob Eisler und Arno G. Krauß

Historische Einführung

Mit der Gründung des englisch-preußischen Bistums in Jerusalem im Jahre 1842 war die Voraussetzung für eine breitflächige deutsche evangelische Missionsarbeit und die Entstehung deutscher Gemeinden in Palästina gegeben. Zentrum der anfänglichen Missionstätigkeit war Jerusalem. Die deutschen Initiativen zeichneten sich dadurch aus, dass sie sich über die bloße Missionierung hinaus auch sozial für die einheimische arabische Bevölkerung engagierten[1]. Der Ausgangspunkt der deutschen Missionstätigkeit in Palästina ist eng mit dem Wirken von Christian Friedrich Spittler verbunden.

Spittler, der seit der Gründung der Pilgermission auf St. Chrischona bei Basel im Jahre 1840 das Heilige Land als Ziel seiner Mission ins Auge fasste, sandte im Jahre 1846 die ersten zwei »Zöglinge« nach Jerusalem. Ihnen folgten zwei weitere, die in der Altstadt von Jerusalem im sogenannten »Brüderhaus« lebten. Nach dem Austritt von drei Brüdern blieb Samuel Müller bis zur Ankunft der nächsten Chrischona-Brüder allein im »Brüderhaus«[2].

In Basel befürchtete Spittler derweil, dass seine erste Unternehmung, das »Brüderhaus«, missglücken könnte. Deshalb beschloss er – nach einer Besprechung mit dem Jerusalemer Bischof Samuel Gobat im Jahre 1852 – eine neue Aufgabe für das »Brüderhaus« zu finden. Gobat, selbst ein Zögling der Basler Mission und ein erfahrener Missionar in Abessinien, schlug vor, die von ihm unterbrochene Mission in Abessinien in den 30er Jahren wieder aufzunehmen[3]. Man sollte das »Brüderhaus« als Ausgangspunkt für die Einrichtung einer »Apostelstraße« (Missions-Straße) nutzen. Es war vorgesehen, entlang dem Nil zwölf Stationen zwischen Jerusalem und Gondar in Abessinien zu gründen. Jede dieser zwölf

Anton Winterlin (1805–1894), Die Chrischonakirche um 1845.

Stationen sollte ca. 50 Stunden von der nächsten entfernt liegen und von St. Chrischona-Brüdern geleitet werden[4]. Ehe sechs Brüder, die in Abessinien arbeiten sollten, in Jerusalem ankamen, sollten die Brüder Christoph Schäfer (1814–1882) und Peter Martin Metzler (1824–1907) das »Brüderhaus« dafür *herrichten.* Metzler hatte zwei Jahre zuvor mit dem berühmten Ost-Afrika-Missionar Dr. Johann Ludwig Krapf (1810–1881) Erfahrung in Afrika gesammelt; deswegen hielt ihn Spittler für den geeigneten Mann für das »Brüderhaus« in Jerusalem[5]. Um die Bedeutung des »Brüderhauses« zu stärken, beschloss Spittler auch, den Chrischona-Hausvater Johann Ludwig Schneller zusammen mit den für Abessinien bestimmten Brüdern Christian Friedrich Bender (1827–1875), Johann Martin Flad (1831–1915), Michael Johannes Schumacher (1825–1854), Johannes Maier (1831–1893), Johannes Gruhler (1833–1905) und Johannes Jakob Gottlieb Kienzle (1833–1865) im Oktober 1854 nach Jerusalem zu senden[6].

Dieses nun erstmals veröffentlichte Tagebuch beschreibt diese Reise ins Heilige Land, eine Reise, die das Leben Schnellers wie auch das der mitfahrenden Sendlinge verändern wird. In dieser Zeit des Krimkrieges war die Sendung von Missionaren sicherlich nicht ungefährlich. Trotz allem nahmen alle Gesandten diese riskante Reise auf sich und fuhren im Oktober 1854 nach Jerusalem.

Johann Ludwig Schneller wurde am 15. Januar 1820 als Sohn eines armen Webers und Bauern in Erpfingen auf der Schwäbischen Alb geboren. Nachdem Schneller im Alter von achtzehn Jahren die Lehrerprüfung in Württemberg ablegte, war er zuerst als Lehrgehilfe 1838 in Burgfelden tätig. Nach neun Monaten wurde er nach Klein-Eißlingen versetzt, wo er bis 1840 arbeitete. Seit dem Jahre 1842 war er als selbstständiger Lehrer tätig. Sein Besuch in der Kinder-Rettungsanstalt »Wilhelmshilfe« in Göppingen, wo er die Ausbildung der Zöglinge in verschiedenen Handwerkzweigen beobachten konnte, machten auf den zweiundzwanzigjährigen einen solchen Eindruck, dass es später seine Arbeit in Palästina beeinflussen sollte. Im Jahre 1843 trat Schneller in Vaihingen a.d. Enz die Stelle eines Hausvaters von entlassenen Sträflingen an. Hier arbeitete er, bis er den Ruf nach St. Chrischona im Jahre 1847 erhielt. Von 1847 bis 1854 war er Hausvater und Lehrer der Pilgermission und wurde 1854 im Auftrage Christian Friedrich Spittlers, des Gründers der Basler Pilgermission St. Chrischona, nach Jerusalem gesandt. Bevor er nach Jerusalem fuhr, heiratete Schneller am 8. August 1854 Magdalene Böhringer (1821–1902). Beide brachen noch im gleichen Jahr von Basel mit weiteren Zöglingen nach Jerusalem auf.

Hochzeitsfoto des Ehepaars Schneller im August 1854.

Johann Ludwig Schneller wurde in Jerusalem Hausvater des im Jahre 1846 gegründeten »Brüderhauses« und sollte die für die Afrika-Mission bestimmten Brüder vorbereiten. Schneller, den die Tätigkeit im »Brüderhaus« nicht befriedigte, fand durch die Ereignisse im Jahre 1860 eine Möglichkeit, missionarisch tätig zu werden[7].

Im Sommer 1860 brach im Libanon ein Bürgerkrieg aus: Über 30.000 Christen wurden von Muslimen und Drusen in kurzer Zeit umgebracht[8]. Als Spittler vom Umfang der Katastrophe erfuhr, gab er im September 1860 den Auftrag: *Wie leicht hätte Jerusalem ein zweites Damaskus werden können, und Er hat Euch so unaussprechlich gnädig bewahrt. Aus Dankbarkeit und im Vertrauen auf Ihn habe ich unsern Freunden [in Europa] angezeigt, dass wir in Jerusalem ein Syrisches Waisenhaus errichten wollen, wobey der liebe Bruder Schneller Waisen-Vater seyn soll ...*[9]

Im Oktober 1860 reiste Schneller mit dem preußischen Konsul Georg Rosen (1820–1891) nach Beirut, um von dort Waisenkinder nach Jerusalem zu bringen[10]. Trotz der großen Not wollte man ihm aber keine Waisen anvertrauen. Nur in Sidon konnte er nach vielen Mühen neun Waisenkinder finden, die mit nach Jerusalem gingen. Sie kamen am 11. November 1860 in Jerusalem an. So entstand das Syrische Waisenhaus von Jerusalem[11].

Spittler sandte einige Chrischona-Zöglinge als Lehrer und Helfer ins Waisenhaus[12], wo anfänglich sehr primitive Zustände herrschten. In den ersten Jahren wurde Schneller von St. Chrischona auch finanziell unterstützt, aber langsam distanzierte er sich von der Pilgermission. Er sammelte in eigenständigen Aktionen Gelder (hauptsächlich in Württemberg) und vergrößerte das Waisenhaus, um neue Zöglinge aufnehmen zu können.[13] Waren es zu Ende des Gründungsjahres noch 41 Kinder, so lag ihre Zahl zehn Jahre später schon bei 70 und im Jahre 1877 bereits bei über 210[14].

Schnellers erzieherische Tätigkeit beschränkte sich nicht nur auf die Schularbeit, sondern die Zöglinge jeden Alters mussten täglich in Hof, Feld, Garten oder bei den Hausarbeiten mithelfen, wie er es aus der Kinder-Rettungsanstalt »Wilhelmshilfe« in Göppingen kannte[15]. Der Unterricht beruhte in erster Linie auf Religionsvermittlung, doch auch auf Sprachunterricht und Grundausbildung wurde Wert gelegt. Im Jahre 1888 gründete Schneller mit seinem Sohn Theodor eine höhere Schule. Dort wurden Lehrer und Schüler für akademische Berufe ausgebildet[16]. Diejenigen Schüler, die nicht die Oberschule besuchten, konnten eine handwerkliche Ausbildung bekommen. Die Anstalt verfügte über Schusterei, Schneiderei, Drechslerei, Tischlerei, Schlosserei, Töpferei, Ziegelei, Buchbinderei und Buchdruckerei. Somit konnten die Schüler gemäß ihren Neigungen und Begabungen einen Beruf erlernen, mit dem sie später: ... *mit Ehren ihr eigen Brot essen* ... können.[17]

Schon Mitte der 80er Jahre umfasste die Anstalt eine größere Fläche als die gesamte Altstadt von Jerusalem. Die Anstalt wurde zur größten Erziehungsanstalt im Osmanischen Reich[18]. Johann Ludwig Schneller starb am 18. Oktober 1896 und wurde auf dem evangelischen Gottesacker am Zionsberg begraben.

Nach dem Tod Johann Ludwig Schnellers führte sein Sohn Theodor die Anstalt in dessen Sinne weiter. Er erweiterte die Anstalt 1902 um eine Blindenanstalt für die zahlreichen Blinden im Land[19].

Johann Ludwig Schneller konnte sein Ziel, eine evangelische christliche arabische Gesellschaft zu gründen, nicht erreichen, wohl aber zur Entwicklung der Landesbevölkerung und deren Ausbildung in handwerklichen und landwirtschaftlichen Berufen beitragen.

[1] Einige Forschungsarbeiten wurden in den letzten Jahren über die deutsche Missionstätigkeit in Palästina im 19. Jahrhundert geschrieben: Akel, Samir, *Der Pädagoge und Missionar Johann Ludwig Schneller und seine Erziehungsanstalten*, Tübingen, 1978; Carmel, Alex, *Christen als Pioniere im Heiligen Land*, Basel, 1981 (im folgenden Carmel 1981); Sinno, Abdel-Raouf, *Deutsche Interessen in Syrien und Palästina 1841–1898*, Berlin, 1982; Raheb, Mitri, *Das reformatorische Erbe unter den Palästinensern*, Gütersloh, 1990; Foerster, Frank, *Mission im Heiligen Land*, Gütersloh, 1991.

[2] Carmel 1981, S. 154 u. S. 159.

[3] Schölly, Traugott, *Samuel Gobat, evangelischer Bischof in Jerusalem. Ein Lebensbild*, Basel, 1900, S. 152–155; Rappard, Carl Heinrich, *Fünfzig Jahre der Pilgermission auf*

St. Chrischona. 1840–1890, Basel, 1890, S. 114. Abessinien: ehm. Kaiserreich im Nordosten Afrikas.

[4] Ebd., S. 111–116 u. über das abessinische Projekt s.: Baumann Andreas, *Die »Apostelstraße«*, Gießen, 1999.

[5] Claus, Wilhelm, *Dr. Ludwig Krapf*, Basel, 1882, S. 130–133. Peter Martin Metzler wurde in Judenbach geboren. Nach einer schweren Erkrankung beschloss er, sein Leben der Mission zu widmen. So kam er nach St. Chrischona und wurde Colporteur in der katholischen Bodenseegegend. Dazu: Eisler, Ejal Jakob, *Peter Martin Metzler (1824–1907) Ein christlicher Missionar im Heiligen Land*, Haifa, 1999.

[6] Rundschreiben an die Freunde der Pilgermission, Jg. 6 (1854), S. 2–5 (im folgenden, RFPM).

[7] Schneller, Ludwig, *Vater Schneller. Ein Patriarch der Evangelischen Mission im Heiligen Lande*, Leipzig, 1925, S. 56 (im folgenden: Schneller, 1925): »Nun finden wir, dass die Judenmission hier in Jerusalem mit fünf Missionsarbeitern gut besetzt ist, die unter den orientalischen Christen arbeitende englische Gesellschaft gleichfalls ... Und doch ist für Missionsarbeit noch Raum, mehr als genug ... Das arme Landvolk Palästinas liegt uns täglich auf dem Herzen und lässt uns nicht mehr los. Um ihnen zu helfen, müssen wir vor die Stadtmauern hinausziehen, zu ihnen selbst gehen ...«.

[8] Sewing, Hermann, *Geschichte der deutschen evangelischen Kirche und Mission im Heiligen Lande*, Gütersloh, 1898, S. 92 (im folgenden: Sewing 1898); Schneller 1925, S. 67–68.

[9] Zitiert auch in: Carmel 1981, S. 178–180.

[10] *Neueste Nachrichten aus dem Morgenlande*, Jg. 4, Nr.16 (1860), S. 246–250.

[11] Sewing 1898, S. 94; Schneller 1925, S. 67–77. Über das Syrische Waisenhaus s. auch *»Jahresberichte«* u. *»Der Bote aus Zion«*.

[12] Z. B. Johannes Wendel Dreher (1843–1881), Johannes Fritz (1840*) und Michael Ohler (1837–1881). S. Archiv der Pilgermission (im folgenden: APM), Zöglingsregister Nr. 139, Nr. 204, Nr. 602. Im Jahre 1860 kamen die ersten Gesandten der Tempel-Gesellschaft nach Jerusalem im Auftrag von Christoph Hoffmann. Da einige keine Arbeit in der Stadt fanden, wurden sie als Lehrer bei Schneller angestellt.

[13] Landeskirchliches Archiv Stuttgart, Alle Rechnungen des Syrischen Waisenhauses wurden im Kassenbuch des »Brüderhauses« bis zum Jahre 1863 weitergeführt; APM, vgl. Protokollbücher der sechziger Jahre. Über die Loslösung des Syrischen Waisenhauses von der Pilgermission, die erst in den achtziger Jahren zustande kam, vgl. Frutiger 1995.

[14] Schneller 1925, S. 77. Über die Erziehungsmethoden von Schneller s. Akel 1978, S. 67.

[15] Sewing 1898, S. 95–96.

[16] Akel 1978, S. 73–83.

[17] Sewing 1898, S. 98.

[18] S. Plan bei Schneller 1925 als Beiheftung zu S. 104.

[19] Über das Blindenheim vgl. Schneller 1925, S. 233–239.

»Nach Jerusalem müssen wir fahren«

Reisetagebuch des Pädagogen und Missionars Johann Ludwig Schneller aus Erpfingen, geschrieben auf dem Segelschiff »Laurent Faney« von Marseille nach Jaffa, Oktober–November 1854.

Über den ersten Teil der Reise und die Wartezeit vor der Abreise des Schiffes hat Johann Ludwig Schneller vom 2.–20. Oktober in Briefen an Spittler nach Basel berichtet[1]. Teile daraus werden zur Vervollständigung des Tagebuches in kursiver Schrift eingefügt. Die Briefe nach Basel beginnen mit der Anrede »Geliebte Brüder« und enden mit »Ihr geringer Mitpilger J. L. Schneller«. Weitere Einschübe dieser Briefe aus Alexandrien vom 14. November in den nachfolgenden Tagebuchaufzeichnungen.

Die Reise ging zuerst mit der Eisenbahn nach Mühlhausen, weiter mit der Postkutsche bis nach Chalon, von dort mit dem Dampfboot auf der Saône bis Lyon, dann auf der Rhône nach Valence und den Rest der Reise wieder mit der Eisenbahn. Die Reisegruppe erreichte Marseille am 4. Oktober und wurde dort von den Gebrüdern Baumann empfangen.

Den 2. Okt. morgens 4 Uhr reisten wir[2] von Riehen[3] ab, begleitet von den Segenswünschen der lieben Unsrigen und fröhlichen Gemüths.

Marseille, den 5. Okt. 1854. Nachmittags.
Der Herr hat uns gestern Abend 10. Uhr glücklich hierher gebracht und auf der ganzen Reise geschützt und geleitet, dass uns kein Unfall auf dem Weg begegnet ist. Ihm sei Lob und Dank dafür! ... Auch meiner lieben Frau gehts gottlob recht ordentlich, wenn schon sie bei zwei

Nächten ohne Schlaf und dem unregelmäßigen Leben mehr durchzumachen hatte als wir. – Über die Schiffs Angelegenheit der Pilgermission hat Herr Baumann mir nicht mehr sagen können, als er Ihnen bereits geschrieben hat. Nur bemerkt er zum Schiffskauf sei gegenwärtig weit günstigere Zeit als später, wenn der Krieg beendigt und alle Schiffsrouten wieder gehörig gemacht wurden. Gegenwärtig stockte der Handel und die Schiffahrt ziemlich wegen dem Krieg und darum seien die Schiffe leichter zu haben und billiger. Er hielts auch für räthlicher in Marseille ein schon gebrauchtes Schiff (besser Segelschiff) zu kaufen, als neu bauen zu lassen. [4] *...*

Die Cholera ist hier nicht mehr stark, es sterben nur noch täglich etwa 25 Personen daran. ...

6. Okt. Schon wieder eine andere Stellung [5]*. – Keine eigene Verköstigung auf dem Schiff! – Der schlechte Grieche [unser Kapitän] hält kein Wort. Er versprach, wie oben schon bemerkt, heute abzufahren. Er versprach: wir können uns selber verköstigen, bis wir heute einkaufen wollten; dann machte ers zur Unmöglichkeit, sagte gerade heraus: Wenn Sies thun, dann müssen Sie meine Küche miethen, Wasser von mir kaufen und Holz und da setze ich Ihnen einen Preis an, der Sie viel höher zu stehen kommt, als wenn Sie bei mir essen. Wäre das Schiff nach Beirut nicht heute nachmittag schon abgefahren gewesen, wir wären mit jenem gegangen, das uns mit 60, statt dieses um 70 ffc.* [6] *mitgenommen hätte. Nun können wir nichts mehr machen, müssen uns in die Lage ergeben und sie für uns benützen wie wir können und uns schicken in Menschen, hinter deren Worten man immer Betrug und Lüge sich denken muss. Das ist ein schröckliches Verderben und wir (Baumann und ich) haben beide die Sehnsucht nach einer soliden Schiffsgelegenheit recht sehr gefühlt und gegenseitig ausgesprochen. Wir glauben, dass ein solches Schiff bald Fracht und Passagiere genug hätte und dass der Herr ein solches Unternehmen segnen würde! Ich meinerseits will thun, was ich kann um dem Schiff in Palästina Fracht zu verschaffen und Absatz für die eingeführten Waaren. ...*

9. Okt. Noch im Gasthof! Der Grieche wagte sich nicht, uns ins Schiff ziehen zulassen. Heute solls geschehen und zugleich abgesegelt werden, was freilich unwahrscheinlich ist. Gestern hatten wir Sonntag. Da Herr [Pfarrer Emanuel] Gengenbach verreist ist, bat mich Herr Baumann, den Gottesdienst zu halten, was mittags 2 Uhr geschah. Es hat einige liebe evangelische Männer hier, der hiesige Colportör[7]*, welcher uns heute morgen besuchte, macht gute Geschäfte unter Katholiken wie Protestanten, was sehr erfreulich ist.*

12. Okt. ... Mit dem Einkaufen hier ists auch so fatal[8]*, z. B. auf dem Schiff müssen wir eigene Matrazen und Teppiche*[9] *haben. Wir kauften durch Vermittlung Baumanns und eines anderen Deutschen 8 ganz ordinäre Teppiche zu ffc. 114.-. Wir wollten Matrazen kaufen. Man verlangt fürs Stück ffc. 40.-, die nur mit rauher Wolle ausgefüllt sind. Seegras und Rosshaar sind hier zu theuer. Weil wir nichts zu thun haben, wollten wir die Matrazen selbst machen. Aber da uns die Cartätschen*[10] *zum Präparieren der Wolle fehlen, so ist dies nicht möglich, zudem kämen uns die Matrazen etwa so theuer als die gemachten Matrazen. Nun sind wir auf etwas anderes gekommen. Wir kauften noch 8 Teppiche zum drauf liegen und machen selbst Matrazen auf die Art, wie man hier Strohsäcke in den Betten hat. Dazu kauften wir gebrauchte Säcke von Baumann und anderswo zu Schläuchen, die eben von uns gefertigt werden (zwei Säcke geben einen Schlauch). Diese füllen wir mit Laub von Welschkorn*[11]*, das ganz von Vorteil ist und sind auf diese Weise versehen. ... Die Lebhaftigkeit des Geschäfts ist hier ungemein groß. Wenn man in dieser Beziehung Basel und Marseille vergleicht, ists eben als vergleiche man ein einfaches Dorf mit einer Stadt. Das muss man freilich sehen, um es zu glauben. ...*

... Es giebt hie und da Unpässlichkeiten bei unserer Gesellschaft. Bei mehreren Brüdern giengs mit leichtem Unwohlsein vorüber. Bruder Kienzle wurde härter mitgenommen und ist heute noch nicht ganz wohl. Bruder Gruhler hat seit 24 Std. Kopfweh und hat heute Nacht nicht

geschlafen, er liegt zu Bette. Meine liebe Frau hatte heute die ganze Nacht Zahnweh wie noch nie in ihrem Leben und ist heute noch nicht frei davon. Das sind so die Präludien zur Seereise, wo mehrere Freudenstimmen nach und nach kleinlaut werden. Doch wir halten uns an das Wort: Ich bin der Herr dein Arzt! [12]

Unser langer Aufenthalt ist derart, dass wir mit unserem Geld nicht ausreichen und durch Herrn Baumann werden entlehnen [13] *müssen, wobei ich so frei bin, an Sie anzuweisen. ... Heute Abend 8 Uhr ist Abendstunde in der Kirche, die wir halten sollen und wollen ...*

16. Okt. Ich habe die französischen Dampfschiffe angesehen, sie sind beinahe alle mit Masten und Segeln versehen, um beide Triebkräfte, Wind und Dampf, zusammen benützen zu können. Die Zweckmäßigkeit dieser Bauart in Bezug auf Verringerung des Betriebskapitals sowohl als in Bezug auf Sicherheit bei vorkommenden Beschädigungen der Maschine auf offener See liegt am Tage. Masten und Segel sind zugleich von keinen so erheblichen Kosten, dass sie das Anlage Kapital merklich steigern würden. ... Wenn ich zu uns selbst komme, so scheint der Herr einen besonderen Zweck zu haben uns lange hier zu lassen, denn wir haben heute so wenig Aussicht zur Abfahrt als vor 10 Tagen und fast alle fangen an missmutig zu werden, sodass ich wiederholt an den Spruch erinnern muss: Vergeltet nicht Böses mit Bösem [14]*. ...*

... Ich glaube aber, für spätere Sendungen sollten wir doch aus diesem Fall lernen, dass wir auf einen ersten Abfahrtstag mit den schriftlich ausgesprochenen Bedingungen accordieren [15]*, dass der Reeder gehalten sei, die Reisenden anständig und gratis zu verköstigen für jeden Tag der Verzögerung in der Abfahrt. ... Dann möchte ich bemerken, dass wenn wie diesmal geschehen, die Brüder angewiesen werden, ihre Teppiche in die Leinentücher einzunähen, (was zu deren Schonung gut ist) so genügen zwei Leintücher nicht, weil man sie beide zum Teppich braucht und dann fehlt das Unterleintuch. Um den Frieden zu erhalten kaufte ich hier Zeug dazu um Marseiller Preise. ...*

... Gestern hielt ich wieder den Gottesdienst über Matth. 22, 34–46. Vormittags ist eine kleine Catechisation[16] *mit deutschen Kindern in der Schule. Die Kinder sind sehr unwissend und flatterhaft. Gegen Mittag machte ich mit meiner lieben Frau einen Ausgang um zu untersuchen, wie es hier mit der Sonntagsheiligung stehe. Aber trotzdem, dass den ganzen Tag wie an einem fort geläutet wird, kennen die meisten Leute keinen Sonntag, außer vielleicht Abends an einem Spaziergang. In den Straßen überall dieselben umlaufenden Verkäufer wie am Werktag, dieselben Steinfuhren, Kisten-Fässer-Ballot*[17]*-Wagen, Maurer in öffentlichen und Privatarbeiten. In allen Werkstätten Arbeit wie am Werktag. Wir sehen dies in Schuster-, Wagner-, Schreiner-, Sattler-, Schneider-, Schlosser- und Steinhauer-Werkstätten alles an den Hauptstraßen bei ganz geöffneten Türen; zu schweigen von der Menge Kaufläden jeder Art, die ihren Handel treiben wie sonst. Hie und da nur ein Laden geschlossen. Baumann sagt: Ganz nicht aus christlichen Rücksichten, sondern weil es sein Besitzer bequemer finde, an diesem Tag seinem Vergnügen nachzugehen. Nur allein die Börse war geschlossen. Wie es da mit dem Glauben steht, kann man sich denken. Unsere Wirtin, eine reformierte Barmerin, bekannte heute, sie wisse nicht, ob sie katholisch oder protestantisch sei. Von morgens früh bis Nachts 10 Uhr unausgesetzt mit ihrem Gewerbe beschäftigt, könne sie sonst keinen anderen Gedanken haben, nicht einmal ihre Kinder erziehen, für die sie eine katholische Kindmutter habe von welcher sie wie in der Schule in die Katholischen Formen eingeführt werden. Und doch gehört dieses Wirtshaus noch zu den Besseren, in dem jeder Dienstbote pflichtlich sonntags einmal zur Kirche angehalten wird. Es ist schade, dass die Protestantischen Deutschen hier nicht mehr aufgesucht werden, als geschieht. ...*

Fortsetzung des Reisetagebuches

20. Okt.

Heute hofften wir aus dem Hafen von Marseille auszulaufen, nachdem wir vom 4. des Monats an hier gewesen waren und verschiedene Erfahrungen gemacht hatten, die uns den Wunsch zur Abfahrt immer dringlicher machten. Noch am letzten Tag hatten wir eine Suppe, Brod und Wein gespeist bei Restauratör[18] Weißmüller (8 Personen um 3½ ffc.), so sehr billig, dass wir höchlich bedauerten, nicht gleich dort gewesen zu sein. Es ist derselbe Wirth, da auch Metzler und Schäffer logirten, an die wir Grüße ausrichten sollten. Er gab uns seine Karte und verspricht ganz billig jeden Deutschen aufzunehmen oder wenn es gerade bei ihm nicht möglich sei, ihm für ein solches Unterkommen zu sorgen; da er selbst Deutscher und Protestant ist, was wir an den 2 Portraits in seinem Gastzimmer (Luther u. Calvin) sahen. Herr Baumann hat zwar viel an uns gethan; aber er hat viel zu schaffen, dass er den ganzen Tag zu springen und zu jagen hat und seine eigenen Versprechen nicht halten kann und Aufträge kaum zu erfüllen im Stande ist, wenn man sie ihm auch aufzeichnet und wieder und wieder erinnert.

So wurde mehreres von uns nicht besorgt, das hätte besorgt und gekauft sein sollen und wiederholt versprochen war. Das ist ihm aber nah. Baumann hat den besten Willen für uns und viel für uns gethan zu seinem vielen Geschäft[19] hin. In Bezug aufs Hotel hätte er sich besser für uns erkundigen sollen, so wären wir ganz gut um die Hälfte billiger angekommen. Noch als ich einige Tage nach unserer Ankunft mit ihm redete und drauf dringen wollte aufs Schiff zu kommen; versicherte er, wir logieren in diesem Gasthof so billig als auf dem Schiff. Ich bedaure ihn mit uns, denn es war ihm ein großer Schlag als ich ihm unsere Rechnung [1124 ffc.]

zeigte und ihn ersuchen musste, solche auf Herr Spittlers Rechnung zu bezahlen. Nun ist alles dieses vorüber, aber ich muss es noch einmal wiederholen: Man kaufe doch künftigen Sendlingen alles was sie brauchen daheim, schicke es hierher voraus und mit bestimmtem Beförderungstermin, halte sich an oben bezeichneten Restauratör, accordiere [mit ihm] vorher schriftlich und erst mit Abfahrtsbestimmung und Verköstigungsbefreiung bei Verspätung derselben.

Samstag, den 21. Okt.
Der ganze Tag verstrich ohne Anstalt zum Abgang. Es war ein langer Tag, da wir nicht mehr an Land durften. Ich kann da unser Schiff [die »Laurent Faney«] beschreiben: Es ist ein Zweimaster. 84‘[20] Pariser Maaß lang und 24‘ breit im Licht. Seine Vorderseite hat unter Verdeck eine Matrosenkajüte; seine Hinterseite den Keller[21], der mittlere Teil ist für Frachtgut bestimmt. Auf dem Verdeck ist vorne die Ankerwalze mit Zubehör; dann ein Raum für Frachtgut, hernach die Küche 4‘ lang, 4½‘ breit und 5‘ hoch. Der Raum zum Stehen für den Koch ist 1½‘ breit und geht quer durch die Küche. Diese hat 3 Feuerungsrooste neben einander, wo man für etwa 20 Personen kocht und auf jeder Seite einen Ausgang so breit wie der Raum des Kochs. Nach diesem kommt wieder ein freier Platz für Frachtgut und dann die Kapitänskajüte. Diese ist 14‘ lang, 12‘ breit und 5½‘ hoch und hat zwei Abtheilungen; ein Vorgemach und ein Wohngemach. Das Vorgemach 8‘ breit, 6‘ lang, 5½‘ hoch und hat zu beiden Seiten verschlossene Räume, rechts drei Kästen für Ess- und Trinkgeschirr; links zwei Schlafgemächer über einander jedes 2½‘ hoch 2‘ breit, 6‘ lang, und verschließbar. Das Wohnzimmer des Kapitäns, anständig ausmöbliert, ist 8‘ lang, 8‘ breit und 5½‘ hoch und angenehm wohnlich, jedoch mit nur 1‘ großen Fenstern. Hinten auf dem Verdeck ist ein Abtritt[22] und die Gerüm-

pelkammer, ungemein klein und das Steuerruder Rad und zu beiden Seiten zwei Ställe voll Hühner. Hinter der Ankerwalze, in der Mitte des Schiffes und vor der Kapitänskajüte sind quadratförmige Öffnungen, die erste und dritte jederseits 3‘ weit, die mittleren 5‘ weit. In den Raum unter Verdeck steigt man durch diese Öffnungen von senkrecht stehenden Balken, an denen Einschnitte folgendermaßen gemacht sind[23]. Man hält sich um den Balken herum, was ziemlich mühsam ist. Der Keller hat eine Stange, die gut ist. Unsere Masten sind gut und wohl 80‘ hoch mit vielen starken Seilen befestigt. Es ist eine Brigg[24]. –

Mittags 2 Uhr waren wir aufs Schiff gegangen, bekamen abends kein Nachtessen und gingen mit einem Stück Brod ins Bett in der Hoffnung, in der Nacht werde das Schiff auslaufen, was aber nicht geschah. Wir schliefen wenig und schwach, die Brüder wegen starkem Wind, meine liebe Frau und ich wegen zwei Matrosen, die im gleichen Raum mit uns schliefen und sehr lange plauderten, sowohl Abends als Morgens und zwischenrein auf dem Boden gut schliefen. Ich hatte gleichfalls meine Matraze auf dem Boden ausgestreckt, neben mir so erhaben hatte meine liebe Frau ihren Verschlupf[25] 2½‘ breit und hoch und 6‘ lang; ganz wie eine Truhe, die auf der Seite zwei Schieberöffnungen hat. Die Brüder haben ihre Betten inmitten des Verdecks auf und zwischen einer Menge Kisten, Verschlägen und anderem Gut (Häringe, Kartoffeln, Salmiakgeist, Sessel, Töpferwaaren und Glas.)

den 21. Samstags

Die Brüder waren frühe aus dem Bett, in Hoffnung die Abfahrt des Schiffes zu sehen, welche jedoch nicht erfolgte; viel mehr wurde noch ein Übermaaß an Volumen von Gut eingeladen, davon noch manches 2–3 Schichten hoch aufs Verdeck gelegt werden musste.

Wir hatten hungrige Mägen und bereiteten uns Caffee, der gut mundete. Dabei wars uns sehr angenehm, dass man uns um 10 Uhr fragte, ob wir auf dem Schiff zu mittag essen wollen. Auf unser Bejahen kam um 12 Uhr eine verpfefferte Suppe, Eier, Brod, Käse und Wein, was gut einging, wie um 5 Uhr das etwas schmale Abendessen, etwas Kartoffelschnitz[26], Fleisch, Wein und Brod.

Der Mangel an Kenntnis der französischen Speisen war uns sehr hinderlich; ich und die Meinen lernen fleißig daran.

Ein zweimaliger Besuch vom Kapitän machte uns jedesmal umsonst Hoffnung zur Abfahrt.

Sonntag den 22.
Morgens hörten wir vom Abfahren, da alles arbeitete dazu auf dem Schiff, aber um Mittag zerstreute sich alles. Auch wir bekamen Erlaubnis bis 4 Uhr in die Stadt zu gehen. Froh unser zweitägiges Gefängnis verlassen zu dürfen, benützten wir das zu einem Besuch bei Baumann und in die Kirche. Aber eben als ich mich anschicken will den Gottesdienst zu halten, kommt ein zurückgebliebener Bruder, durch den uns der Kapitän zu eiliger Abfahrt rufen lässt. Ungern und mit dem Vorgefühl unnöthiger Eile leisten wir folge und überlassen den Gottesdienst einem Colportör, der nur ungut deutsch redet. Wir bereuten dies nachher auch sehr, denn das Schiffsvolk zerstreute sich nachher wieder und wir seufzten in unserem Gefängnis. Noch eine Nacht sollten wir im Hafen schlafen, dann erst am

Montag den 23.
um 6 Uhr morgens, liefen wir bei günstigem Wind vom Hafen aus nach einem Sonntag morgens misslungenen Versuch. Außen im Hafen war Windstille und ein so ungemeines Geschaukel nach allen Seiten des Schiffes hin, dass in den

ersten Stunden schon die ganze Gesellschaft seekrank wurde und den Inhalt seines Magens dem Meere übergab. Todesblässe sprach mir aus jedem Angesicht und der große Muth fand hierdurch seine schnelle Abkühlung. Meiner lieben Frau ging es am härtesten und bei ihr fing es an, dann Flad, Schumacher, Bender, Gruhler, ich, endlich Maier, Kienzle, die beide mit mir am leichtesten durchkamen, ich dadurch, dass ich meistens mich liegend hielt.

Wir kreuzten den Golf von Lyon mehrmals, bis wir die offene See gewonnen hatten. Mit uns war eine Anzahl Schiffe ausgelaufen, von denen 7 nach Westen sich wendeten, die anderen in den übrigen Richtungen sich zerliefen. Nur wenige Stunden waren wir etwas ruhig dahin gefahren, als sich abends und die Nacht durch ein Südsturm erhob. Die See ging hoch, die Wellen brausten, das Schiff wiegte so sehr, dass die Seekrankheit sich so steigerte, dass

den 24. Dienstags
alles neben dem Brechkübel lag und Ekel hatte an jeglicher Speise. Das ließ nicht nach, ob auch im Laufe des Vormittags die See ruhiger wurde. Dann das Schlingern nach allen Seiten hin um 6–10‘ auf und ab, als säßen wir auf einer gemachten Thurnplatzschaukel, fing jetzt erst wieder recht an bis [am]

25. Mittwochs
die See morgens ordentlich ruhig wurde. Diese Ruhe sollte aber nicht lange dauern. Schon mittags begann der Südsturm aufs neue und brachte uns so nahe an die Südwestküste Sardiniens[27], dass wir gerade wieder umkehren und retour fahren mussten. Dies geschah die ganze Nacht hindurch unter fortwährendem Sturm. Wir aber richteten unsere Blicke fleißig in die Höhe, wohl wissend, dass der Herr in unser Segel blasen müsse, wenn wir sicher steuern sollen. Doch

dieser Besuch an Sardinien sollte nur ein Vorspiel sein, von einem späteren längeren Aufenthalt daselbst.

den 26. Okt. Donnerstag
trat morgens Windstille ein, jegliches Land war unserem Gesichtskreis entschwunden, wir wähnten südlich von Sardinien und Sicilien nahe zu sein, bekümmerten uns jedoch nicht so viel drum. Das große Schaukeln hatte die Seekrankheit so gesteigert, dass ich von einem unserer Brüder hörte: »Wir sind doch die elendsten unter den Menschen«, dem jedoch nicht allgemein beigepflichtet wurde. Dazu kam noch die Roheit und Wildheit unseres Kapitäns, der wie ein Löwe auf diesem Schiff haust und rast und brüllt, auch bisher ziemlich gleichgültig gegen uns ist und rücksichtslos. Das Schiff kam den ganzen Tag beinahe nicht weiter. Denn wir hatten fast völlige Windstille bis abends, wie mit dem aufsteigen eines blitzenden Gewitters am südwestlichen Horizont ein Wind sich erhob, der uns eine völlige Regennacht brachte. Nach und nach jedoch drehte sich der Wind und am

27. Okt. Freitag
morgens fuhren wir mit Nordwind gut gegen Südost und wurden der Insel Sardinien abermals ansichtig, jedoch diesmal an ihrer Südwestküste. Wir hätten lieber Sicilien gesehen, aber diese Hoffnung sollte nicht so schnell in Erfüllung gehen; doch eins hatten wir, die Lebenskraft kehrte wieder, jeder kroch erleichtert aus seinem Verschlupf hervor, die Seekrankheit war gebrochen, nur bei meiner lieben Frau nicht, die noch fortwährend sehr unwohl ist. O Herr hilf ihr.

Mittags wurde es eine Zeitlang windstille und das Schiff stand stille. Eine Wolkenwand im Westen ließ uns aber hoffen, dass diese nicht andauere und so geschah es auch, sie brachte uns Wind und Regen. Abends mit Einbruch der

Nacht fuhren wir angenehm und vergnügt zwischen zwei Felseninseln hindurch, die dem westlichen Ufer der Bucht von Palma vorliegen und sahen mit Vergnügen den gewaltigen Felsenabhang an der Spitze der Ostküste desselben und das Cap Tavolaro.

Als wir ein Abendlied miteinander gesungen, einen vorbeifahrenden Dreimaster gegrüßt und uns noch manches aus unserer Jugend erzählt hatten, gingen wir befriedigt über die Reise dieses Tages dem Herrn befohlen zur Ruhe. Wir schliefen gut, als uns nach 10 Uhr das Löwengebrüll des Kapitäns auf eine Weise weckte, die ganz geeignet war, Leib und Seele zum Kranksein zu erschüttern, dessen bittere Folgen besonders meine liebe Frau, die zuvor an Verstopfung und Seekrankheit noch fortwährend litt, die ganze Nacht und den Vormittag hindurch schwer zu büßen hatte. Dies war aber nur der Anfang eines schröcklichen Oststurms, der uns die ganze Nacht von einer Tiefe und Höhe zur andern warf. Unaufhörlich kämpfte unser Schiff mit Sturm und Wogen und musste doch endlich den Kampfplatz verlassen, nach Norden steuern und im Lauf des Vormittags

den 28. Okt. Samstags

in die Bucht von Palma hinein sich alterieren[28], wohin uns bereits der gestern Abend salutierte Dreimaster voraus geeilt war und drei andere folgten, die nun mit uns hinten in der Nähe von Palma (östlich davon) vor Anker liegen und auf günstigen Wind harren.

Schröcklich brauste und heulte es heute Nacht. Alles krachte, die Gegenstände auf dem Schiff wurden hin und her geworfen und klirrten, wir im Bette konnten uns fast nicht halten, vornehmlich ich, der unmittelbar neben der immer offen stehenden Kellerthür theils auf der Öffnung zu liegen hatte. Wie froh waren wir, als der Tag erreicht war, wenn auch das Heulen des Sturms und das Brausen des Meeres nicht aufhörten. Betrübt waren wir am allermeisten darüber, dass uns der Sturm auch um gar nichts weiter gebracht hatte, weniger über die wiederkehrenden Anfälle von Seekrankheit.

Fast wären wir etwas unzufrieden geworden, dass der Herr unser Seufzen nicht berücksichtigt habe, aber Apostelgeschichte 27 und 28 brachten uns zur Mäßigung in unseren Wünschen; denn was der Herr seinem Knecht Paulum widerfahren[29] ließ, das ist uns noch weit nicht zu Theil geworden.

Dieser Theil von Sicilien bietet uns sein Kalkgestein entgegen, das an den Abhängen mit geringem grünen Gestrüpp[30] bewachsen ist. An der Ebene um die Bucht herum ist es angebaut, zum Theil frisch gepflügt, aber die ganze Bogenfläche von 10–14 Std. um die Bucht lässt nicht mehr als das Städtchen Palma im Westen und im Norden und Osten einige Dörfer erblicken, zwischendrein im Norden und Osten viel einzelne Gehöfte. Von diesem geringen Anbau zeugt auch der auffallend spärliche Wuchs von Bäumen, die in dieser gewiss nicht trocknen Küstenebene gut gerathen sollten. Berge und Hügel scheinen nicht bebaut zu sein. Hier lagen wir nun und brachten

den 29. Okt. Sonntag;
den 30. Okt Montag und
den 31. Okt. Dienstag [Reformationstag]
hier zu; eigenthümliche Harretage[31], besonders auch, weil das Land so nah war und wir das Schiff nicht verlassen durften, was der Kapitän gewöhnlich den ganzen Tag thut. Hierher hatten sich nach und nach 18 Schiffe zu uns geflüchtet, die zum Theil vor der Bucht herum Front machten, ein sehr schöner Anblick. Doch wir seufzten um Erlösung, immer jedoch in der Zuversicht, dass es der Herr auch auf diese Wei-

se am besten mit uns machen werde; beschäftigten uns indes mit Lesen und Erlernung der englischen Sprache, die Matrosen mit Fischfang, der so reichlich ausfiel, dass wir hie und da zweimal des Tages aßen. Dienstag abends endete der Ostwind und ein guter Nordwestwind fing an zu blasen. Hoffnung zur Abfahrt belebte uns alle; doch der Wind ließ bald nach und wir legten uns zur Ruhe.

den 1. Nov. Mittwochs
früh mit Sonnenaufgang lichteten wir jedoch Anker, bei geringem Nordwind, aber eine Wolkenwand im Nordwesten verspricht uns Wind von dieser Seite her und der dort überzogene Himmel zeigt, dass auf offener See bereits dieser Wind spiele. Wir griffen zwar mit an bei der Zurichtung des Schiffes und dasselbe verlässt nun langsam die Bucht der Palmen im Süden Sardiniens.

den 2. u. 3. Nov. [Donnerstag und Freitag]
Guter Wind. Wir segeln gewöhnlich gut und schnell, sind ziemlich wohl, lernen so fleißig als möglich Sprachen. Die Ansicht der kahlen aber bergigen Insel Pantellaria erfreut uns. Abends war der Wind nördlich und treibt unser Schiff mit Eisenbahngeschwindigkeit 6 [Ml./]Std., Nachts 3 Uhr erscheint der Leuchtturm von Cassa [Cozzo] und morgens

Samstags den 4. Nov.
sind wir dieser herrlichen Insel mit ihren Wäldern, Städten, Dörfern und Schlössern in schönstem Sonnenlicht an der Nordseite ansichtig, so wie im Südosten davon Maltas. Nördlich erscheint uns gleichzeitig Sicilien mit dem überragenden Aetna. Sehr schöne perspectivische Ansicht, nur etwas zu fern, um genau beobachtet zu werden. Wir ermessen, dass wir in den letzten 12 Std. 60 [Ml.][32] gemacht und noch 400 [Ml.] bis

Alexandrien zu fahren haben. Die wir bei einem Wind wie der jetzige in 4 Tagen zurücklegen. Unser Schiff schaukelte heute Nacht gewaltig, so dass meine liebe Frau heute Morgen den Caffee nicht bei sich behalten konnte. Doch der Herr sei gelobt, unsere Reisezeit scheint vorüber zu sein.

Seine Treu und Gnade,
versieht es ja recht,
was gut sei oder schade
uns sterblichem Geschlecht[33].

Gestern begegnete uns ein französisches, heute morgen ein englisches Kriegs-Segelschiff die retour fuhren.

Unser Reisejournal weist nach, dass wir gefahren seien.

Sonntag den 5.
morgens ließ der Wind etwas nach, doch ging die See immer hoch. Wir lesen zur Feier des Sonntags die 8 letzten Kapitel im Evangelium Matthäus und seufzten für unsere Brüder und Gottesdienste auf dem Land. Abends 9 Uhr kamen die Vorzeichen von Sturm. Die Schiffsmannschaft bereitete sich und das Schiff dazu vor. Bald traf er ein mit Gewitter, das stark blitzte und donnerte in Südwest. Das währte die ganze Nacht sehr stark zum Theil mit Hagel. Unser Schiff schaukelte äußerst stark, so dass wir viel zu leiden hatten. Mein Magen wurde so beleidigt, dass ich den ganzen Montag nichts bei mir behalten konnte und aller Speise und jeden Geruch nach solcher ekelte. Mehr oder minder hatten es alle so. Ich hütete mein ärmliches Lager mit meiner lieben Frau. Die Brüder waren abwechselnd auf dem Verdeck. ... *Wir wurden des Südens von Candia*[34] *ansichtig, was nicht hätte sein sollen und diese abermals verfehlte Richtung erforderte wenigstens 1 Tag Fahrt mehr als bei richtiger Richtung.* ... Der Sturm dauert noch fort

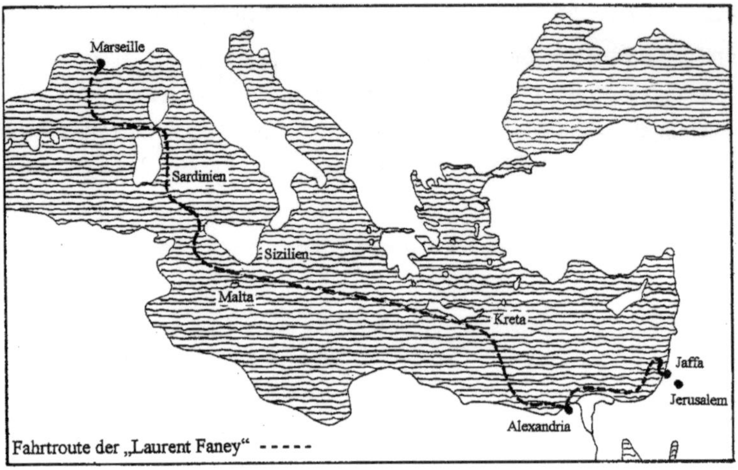

Karte vom Mittelmeerraum mit der Fahrtroute der »Laurent Faney«.

und auf die neue Nacht hin konnten wir nicht einmal unsere Strohsäcke schütteln. In der Nacht, noch gegen 12 Uhr, legte sich der Sturm, nun aber kam erst das unangenehmste Schaukeln. Wir schliefen doch ein wenig. Nach Mitternacht banden die Seeleute das Ruder fest, ließen nur ein Segel halb aufgespart[35] und gingen zur Ruhe. Das Schiff kam nicht weiter; erst morgens

Dienstag d. 7. Nov.
gegen 7 Uhr zog man die Segel wieder auf und fuhr weiter. Die Fahrt ging mit Südwind passabel, wir waren etwas besser wohl, doch nicht ganz.

Dazu kam noch anhaltende Verstopfung, welche die Übelkeit vermehrte. Dies ging fort bis Abends, wie ein neuer Südsturm sich erhob. Der sich jedoch in der Nacht wandte und dem Südostwind wich, der uns beinahe aufhielt. Doch er ging nach und nach in Windstille über und so wurde das Schiff

Mittwochs den 8. Nov.
nicht weit getrieben, aber gegen Abend wurde der Ostwind immer stärker und stärker und wir mussten über 12 Std. bis

Donnerstags den 9. Nov.
½11 Uhr Vormittags meist mit einer Schnelligkeit von 6 Meilen gegen Südwest fahren. Da fing nach manchem Seufzen unsererseits unser Löwe wieder an zu brüllen und die Schiffs Segel wurden umgespannt und wir kreuzen nun gegen N.O. mit S.O.-Wind. Es ist als wolle uns der Wind nicht nach Alexandrien kommen lassen. Ich wage nicht zu sagen, ob der Herr uns widersteht oder der Teufel es thun darf. Doch das bleibt gewiss: Gott unser Herr, an dem wir festhalten, sitzt im Regimente und führet alles wohl; drum fürchten wir uns nicht, ob auch das Meer jetzt wüthet und wallet und der Sturm um uns heult und das Schiff taumelt wie ein Trunkener, während ich diese Zeilen schreibe; der Herr ist bei uns drinnen, darum werden wir wohl bleiben. Wir sind für sein Werk und seine Sache nach Jerusalem berufen, **nach Jerusalem müssen wir fahren**, denn seine Gabe und Berufung mag ihn nicht gereuen und seine Zusagen wanken nicht. Sie stehen nasser als das abgespühlte Felsenkap mitten im Meer an der Südspitze Kretas, dessen wir vorgestern ansichtig waren und kein Sturm wird sie bewegen. Darum bleibt auch unser Halt sicher und unsere Zuversicht wanket nicht. Ob auch unsere Mannschaft ein gottloses Volk ist, ob der Löwe mit Gott zürnt und hie und da hinausschlägt gegen seinen Wind, ob auch die ganze Schiffsmannschaft vielleicht mit ein paar Ausnahmen sagt: Wir protestantischen Missionare seien Ursache des widrigen Windes, denn alle Schiffe, welche solche führen, haben ungünstigen Wind. Der Herr weiß es und lenkt es!

Wir hoffen auf ihn, darum werden wir wohl bleiben. Wenn auch bei jedem Sturm die Seekrankheit sich erneuert und besonders meine liebe Frau und Bruder Flad viel daran zu leiden haben, obgleich die Leibeskräfte unserer ganzen Gesellschaft dahin schwinden: So bleibt doch die Verheißung unser starker Halt, der Herr hat und gibt täglich neue Kraft und Stärke genug, für die Unvermögenden[36], und wenn oft die Wellen übers Schiff hereinschlagen und ihr weißer Speichel[37] uns lenket und jagt, dennoch decken uns die Gnadenfittige[38] des Herrn, der uns gesammelt hat wie eine Henne ihre Küchlein[39] unter ihre Flügel und uns tröstet, wie eine Amme ihr Kindlein tröstet, und wir erfahren es, dass unsere Hilfe nicht ist von unten her, sondern von oben, über dem Sturmheer, an deren Stand und Lauf der Seemann sich orientiert. Der Ost- und Südsturm hielt an bis zum Nachtessen. Wir kreuzten nach Südwest. Dann variierte der Wind ½ Std. und ein guter Westwind der uns mit ungeheurem Schwanken des Schiffs gut nach Südost beförderte. Ich hatte nie eine so üble Nacht auf dem Schiff als diese und dankte Gott, dass ich am

Freitag den 10. Nov.

das Morgenlicht sehe. Fortwährend hin und her geschaukelt, wusste ich keinen Augenblick, wann ich entweder meine liebe Frau an die Wand drückte oder auf der anderen Seite in den Keller geworfen wurde. Auf zwei Seiten mich haltend an der Bretterwand und am Boden erstarrte und erschlafft die Arme, so schwebte ich in fortwährender Noth und verließ sehr ermüdet mein Lager. Um 10 Uhr wurden wir Afrikas ansichtig und fuhren um 12 Uhr am Ras ...[40]... vorbei, von wo an Alexandrien noch 2° östlich lag. Wir hoffen diese 30 Meilen in 12 Std. als bis Mitternacht zurückzulegen, wenn uns der Himmel guten Wind gibt und somit morgen in Alexandrien zu sein. Die Libysche Küste scheint sehr kahl zu sein und wird bis gegen Alexandrien hin immer niedriger.

Samstag d. 11. November [Martini]
Wir hofften gestern noch Alexandrien zu erreichen und wünschten dies sehr, um auch einmal wieder eine ruhige Nacht zu haben. Der Nordwestwind trieb uns ziemlich gut nach Osten, und die See ging den ganzen Tag hoch und schaukelte uns tüchtig hin und her. Gegen Abend legte sich der Wind, und das Schaukeln auf die widrigste Weise fing erst recht an. Wir hatten eine schwere unruhige Nacht. Die Schiffsleute richteten Anker und Boot, um in der Nacht nach Alexandrien einzulaufen, allein wir kamen fast nicht von der Stelle, und ob wir fast die Stadt mit den Augen herzogen, wir mussten zu Bette gehen ohne Strahl von ihrem Licht. Morgens aufgestanden sahen wir von Norden und Süden Schiffe dem Hafen zusteuern, und zu dieser Zeit der Leuchtthurm erschien [auf der Insel Pharus] und bald drauf die Stadt vor unseren Blicken. Doch wir sind noch auf offener See, der eben geschehene Bleiwurf[41] konnte den Grund nicht erreichen, aber die schönen und großen Seetauben[42] und unsere bekannten Lerchen fangen durch ihre häufigen Besuche an, uns zu empfangen und zu grüßen. Wir danken dem Herrn, dass er uns bis hieher gebracht hat.

Wenn unsere Reise ein Vorbild unseres Lebens und Wirkens im Orient sein sollte, so hat uns der Herr manche Prüfung vorbehalten, aber er wird hindurch führen.

Mittags 1 Uhr. Wir nähern uns immer mehr Alexandrien; seine Ansicht vom Meer aus ist schön. Der Strand zwar zur Rechten hat nur einförmige Sandbänke mit einer großen Anzahl Windmühlen (einfache runde Thürme mit Windrädern). Aber der Hafen in der Front und voran an der nördlichen Ecke des Leuchtthurms mit dem prächtigen Harem[43] und Schloss in deren Mitte Gartenanlagen, die ihre Baumpracht herüber weisen. Schöne Gebäude am Hafen wo eine Menge Schiffe liegen, Dampfer, die zu und abfahren, (zwei scheints nach Constantinopel[44] andere geheizt. Andere Baumanlagen südöstlich im Hafen weisen ihre Häupter herüber.

Die Dächer der Häuser orientalisch, eben, mit Ausnahme der vornehmsten Gebäude, die scheints französische Dächer[45] haben.

Der westliche Uferdamm scheint mit niedrigen Gebäuden überbaut zu werden. Andere Stellen zeigen viereckige Ausgrabungen, vielleicht zur Salzbereitung. Je näher wir dem Hafen kommen, desto schöner seine Ansicht, sein Nordwall mit prächtigen Gebäuden und Gärten geziert, die von Palmen überragt werden, im Südosten ein wahrscheinlich aufgeworfener Hügel etwa 100' hoch und oben überbaut; gegen Süden wie es scheint, militärische Gebäude, recht gut aufgeführt. Hinter diesen hervorragend ein Wald von prächtig grünen Bäumen. Alle Gebäude, die den Hafen umgeben, in ganz gutem Styl und gut symmetrisch aufgeführt; schöne große Schiffe im Hafen, doch nicht in so großer Anzahl als wir anfangs dachten. Ein Kriegsschiff von 22–24 Kanonen steht nahe bei uns, ebenso zwei eiserne Dampfboote. Es ist uns nicht lieb, dass wir so fern vom Land in der Mitte des Hafens Anker geworfen haben. Unser Pilot[46] führte uns um 2 Uhr gut in den Hafen ein, der durch seine Sandbänke wohl mehr als durch seine Forts geschützt erscheint. Jedoch scheint das nördlich zunächst dem Leuchtthurm sehr gut zu sein. Wir fuhren im Westen der großen Sandbank ganz dem Land nahe gegen Süden und dann ganz gegen Osten in den Hafen ein, wurden von zwei türkischen wohlbemannten Barken empfangen, notierten, 6 Tage Quarantäne ankündigten und zu diesem Zweck zwei Mann an Bord bei uns ließen, deren einer den Kapitän hernach ans Land begleitete. Ob wir die Quarantäne an Bord oder in den dazu bestimmten Gebäuden zu halten haben, wissen wir noch nicht und hoffen, der Kapitän bringe darüber Nachricht. Die Ägypter, die im Hafen herum fahren wie die Beamten, sind von gutem Aussehen; die Farbe abgerechnet; der Körperbau kräftig, Gesichtsbildung gut kaukasisch.

Sonntag, d. 12. Nov.
Das heimathliche des Gesangs der Vögel, das Geschnatter der Gänse, der geräumige Hafen, die den deutschen Nachtgesängen der Jugend in Melodie so üblichen Gesänge der Ägypter thun unseren deutschen Ohren gar wohl. Fünf Leuchtthurm-Laternen gaben heute Nacht gar schöne Lichtpunkte ab. Die zwei Muselmänner[47] verrichteten gar ernst und öffentlich ihre Gebete und beschämten uns. Sie beugen sich vor Gott oft und bis zur Erde und haben doch keinen Heiland in ihm, und darum doch keinen Gott und dennoch ehren sie ihn mit viel mehr Respekt als die Christenheit, wo so häufig aller Gebetsverband mit ihm aufgelöst ist. Wie viel erträglicher wird es diesen Menschen gehen an jenem Tage, denn uns Christen.

Ansicht von Alexandrien in den 80er Jahren des 19. Jahrhunderts.

»Ach, dass der Herr aus Zion käm
und gegenseitig die Bande von uns näm';
ach, dass die Hilf bräch herein,
so würde sein Volk fröhlich sein.«[48]

Am heutigen Tag erbauten[49] wir uns an einer Betrachtung Zinzendorfs und einem Lied aus dem Reisepsalter[50]; Nachmittags lasen wir die 1. Epistel an die Korinther; sonst sah man auf unserem Schiff nichts vom Sonntag, als etwa an besserem und regelmäßigerem Essen. Im Hafen große Thätigkeit. Ein Dampfboot mit Militär wurde nach Constantinopel abgefertigt und verließ uns gegen mittag; ein ähnliches mit Gut nach Frankreich, das uns abends verließ, desgleichen eine Segelbrigg (2-Master). Die Mücken hier sind sehr aufsetzig[51]. Ein Glockenspiel von der Stadt aus wirkte in uns viel Lust zur Kirche, aber unsere zwei Türken erinnern uns an unsere Quarantäne. Wir bekommen die Nachricht von der Demolierung Sebastopols[52] und der russischen Flotte, durch diese selbst; und vom Vorrücken Österreichs. Der Kapitän eröffnet uns, dass wir nach der Quarantäne ausgehen dürfen; nur dass immer Jemand von uns daheim bleibe und unsere Sachen auf dem Schiff hüte. Wir gingen Abends zwischen 8 und 9 Uhr zu Bett, mit dem Vorsatz morgen fleißig zu arbeiten.

Montag, d. 13. Nov: 1854
Wir standen zeitig auf, wollen englisch und arabisch lernen, auch jeden Tag ein Buch der Bibel [in] Englisch lesen. Ich beabsichtige zuerst die arabische Grammatik zu schreiben, womit ich gleich nach dem Frühstück den Anfang machen will. Meine liebe Frau will mit Fleiß weibliche Arbeiten fertigen. Der Herr segne uns dabei und sei uns gnädig und fördere das Werk unserer Hände bei uns; ja das Werk unserer Hände wolle er fördern[53].

Heute Mittag fuhren in den Hafen zwei Dampfschiffe von bedeutender Größe, das erste ein egyptisches sehr kolossal und dem Anschein nach ganz solid, überfüllt mit Menschen, dann ein englischer Schraubendampfer mit wenig Passagieren und der Schrift Syrien auf der Fahne. Sie ankerten nahe bei uns. Heute Abend besuchte und visitierte die Sanitätsmannschaft wieder bei uns. Sonst im Äußern nichts von Belang. Die Witterung nicht so hell und etwas windig. Das Schiff rüstet zum Ausladen.

Ich machte den Antrag, unseren Brüdern aus Williams Grammatik etwas schriftlich mit ihnen zu machen, aber Flad und der Spitze wollten sie nicht, er sagte, die Grammatik sei ihm zu schwer, und sie haben eine andere, die sie lernen, auch haben sie kein Papier nicht, ich bot ihnen es an, aber es half nichts, auch nicht als ich sagte, es gebe jetzt eben zwei Partheien. Sie schieden sich und waren diesen Mittag allein. Der Herr wird helfen, dass nichts daraus entsteht.

Dienstag, d. 14. Nov.
ruhig an Bord, nur Vormittags auf kurzem Besuch mit der ganzen Schiffsmannschaft im Quarantäneplatz, wo wir in Linie gestellt visitiert wurden.

... Meine liebe Frau aber dauert mich sehr, besonders wegen der unregelmäßigen und oft so ungeeigneten Kost. ...

Mittwoch, d. 15. Nov.
Morgens ging unsere Quarantäne zu ende, wir wurden bälder entlassen als anfangs gesetzt war, und das Schiff lud seine Waaren aus, nachdem die zwei Quarantänemänner sich mit Geschenken entfernt hatten. Wir waren zweimal in der Stadt. Vor- und nachmittags. Welcher Anblick! welcher Schauplatz? Am Hafen eine schreiende und lärmende Mannschaft von Lastträgern, schmutzig und unordentlich; dann eine Straße

voll Schmutz und Unreinheit, die Ufer am Landungsplatz nicht schön; an jeder Ecke, an jedem Platz voll Menschenkoth und dies in allen Quartieren, ausgenommen die Konsulatsstraße mit ihrem schönen freien Platz. Eine Menge Esel stehen überall gesattelt umher und wurden zum Reiten angeboten. Die armen Thiere, sie sind in der Regel hinten wund, oft handgroß auf beiden Seiten vom Sattelriemen und wurden auf diese Wunden hin noch gestaucht und geschlagen. Wie es unter dem Sattel aussieht, weiß man nicht. Wo jemand aufsitzen will, da rissen sich 3–6 Eselstreiber um den Reiter. Kamele, eine mäßige Anzahl, hauptsächlich zum Wassertragen gebraucht, andere zum Fortschaffen von Kaufmannsgut und Frucht, meist wohlgenährt und gehen geduldig ihren starken Schritt. Maulthiere wurden nicht gar viele gesehen, diese sind aber in der Regel edel gehalten. Pferde in mässiger Anzahl edler Rasse bei den Gesandten, Regierungsbeamten und sonstigen Reichen und Militärs, gemeiner Art bei Fuhrleuten und Müllern. Die Fuhrleute haben ansonst schlechte Wagen und Karren und fahren gerne im Galopp. Rindvieh gibts ziemlich, die Ochsen werden zum Fahren gebraucht und zum Mahlen. Ihre Joche sind äußerst schlecht, sie müssen mit dem Nacken oben ziehen, wohin ihnen eine Stange gelegt ist, die ihnen an dem Hals gebunden wird, dass sie der Strick unten stets würgen muss. Der Ochse aber ist größer und stärker als in Europa. Kühe gibts wenige, dagegen ziemlich viele Ziegen sehr schöne Rasse und meist ohne Hörner mit hängenden Ohren, und brauner Farbe; auch fette und große Schafe. Alle diese Thiere werden genährt von Stroh, das zu halbfingers langen Stücken zermahlen wurde und in ganzen Schiffsladungen von Ägyptens Innerem auf dem Nilarm hieher geführt wurde.

Die vielen Hunde sind eine unangenehme Erscheinung. Hühner und Tauben gibts viele, auch Gänse und anderes Geflügel. Die Häuser der Stadt sind entweder und meistens ohne Dach oder ist dasselbe eben, mit einem Söller[54] oben, dahin von innen oder außen eine Treppe führt. Die weniger noblen Häuser sind groß und geräumig. Die Häuser, welche die Regierung baut, sind großartig und an der Hauptstraße. ... *Ach, welch jämmerlicher Anblick von Leuten und Gebäuden. Der Anzug dieser Leute ist, wenige ausgenommen, durchgehends erbärmlich schlecht, unappetittlich, bei beiden Geschlechtern. Auch diese sonst so wohl gebauten Leute mit durchgehend stark ausgeprägten Gesichtszügen, wie ganz anders würde auch ihre äußere Erscheinung sein, wären sie Jesu Eigenthum, welche Segnungen auch in äußeren Dingen gibt doch das Christenthum dafür man dem Herrn oft garnicht dankt.* ... Die Häuser des Pöbels sind klein, ihre Quartiere eng und schmutzig; Mensch und Vieh leben in demselben Lokal. ... *Die Küche und die Miste befinden sich nebeneinander.* ... 30 bis 40 Häuser sind immer an einander gebaut, aus Straßenkoth[55] und Geröll, oben einige Balken überhingelegt oder Schilf und dann mit Koth überschmiert, vorne eine Thür 5–6‘ hoch, zum Teil in die Erde hinein gehend, so dass man einige Fuß hinab steigen muss. Ein solches Haus ist etwa 6–7‘ hoch (von außen angesehen) 10–12 Fuß lang und breit; einige kleine Steine neben einandergelegt oder ein alter Hafen[56] oder eine 2–3 Zoll tiefe Rinne in die Erde bildet den Herd, dazu ein Hafen zum Kochen, ein Krug oder Gaißfell zum Wasser, einen rauhen Teppich oder Mantel mit Kapuze zum Darinschlafen auf bloßer Erde neben Hund oder Ziege. Die Straßen durch diese Quartiere sind sehr eng, krumm, winklicht und schmutzig, von Mensch und Thier verunreinigt ohne dass jemand daran denkt, den Unrath wegzuschaffen. Mitten durch viele Gassen geht der Länge nach ein 1–2‘ tiefer wüster Graben, darin das Wässerige von dem, was in die Straße geworfen wird, verfault.

Der Mittelstand, die Krämer, haben ihre Schuppen an den nobleren Straßen, ihrer ist eine große Menge, so dass man hier alles kaufen kann. Unter diesen sind manche Europäer. Wir trafen einen Kaufmann, einen Wirth und einen Caffetier[57], welche deutsch redeten und uns sagten, dass manche Deutsche hier seien. Die Stadt hat eine Anzahl Moscheen und Minarets; ihr Inneres durften wir nicht besuchen; neben einer derselben sahen wir einen Begräbnisplatz ohne Einfriedigung; jedoch waren einzelne Gräber und zum Theil Gruppen von Gräbern mehr oder minder hoch ummauert. Ebenso ists am großen Begräbnisplatz im Süden der Stadt, wohin man immer Leichen bringen sieht. Als wir dort waren, wurden drei Leichen an verschiedenen Stellen beerdigt und eine 4. begegnete uns. Diese sahen wir genauer an. Voraus gehen die Männer in und außer der Ordnung, ob aus ihrem Priesterstand konnten wir nicht unterscheiden, die Leute murmeln, dann die Leiche getragen von 6 Männern auf einer Bahre die so[58] geformt ist. Der Todte liegt in Tüchern gewickelt darin ohne Sarg. Neben der Leiche gehen zu beiden Seiten 5 Männer, (rechts drei, links zwei) mit schönen und großen fliegenden Fahnen, eine blau, vier rot und schwarz mit Borden und Inschriften, neben und hinter diesen gehen die Weiber in einem unordentlichen Trupp. Die Klageweiber haben ein stetes Gewein, welches zeitweise, besonders wenn der Zug anhält, in ein gellendes Geheul und Gegrille ausartet, wobei sie mit ihren Shawls oder Tüchern beständig an den oder gegen den Leichnam flaggen. Nur einige von ihnen sind in feinen Kleidern, die andern alle in ihren gewöhnlichen blauen Tücher und Hemden. Der ganze Ton und Haltung der Klagenden verräth es, dass sie Miethlinge sind. Die Gräber sind sämtlich ½‘ hoch mit Mörtel oder Straßenkoth aufgemauert, dann kommt ein Absatz und nun nochmals ein ½–1‘ hoher meist gewölbter Aufsatz und in diesen meist voraus und hinten je ein aufrechter Stein mit Inschriften. In der Mitte jedes Grabes steht eine Aloe Pflanze. Wir wurden dreier christlicher Kirchen ansichtig; der englischen an der Hauptstraße; sehr schön und solid gebaut, aber nicht vollendet. Die Klosterkirche mit angebauter Klosterschule, die, wie uns schien, zahlreich besucht wurden mit sehr schönem und großen Garten und eine andere Kirche daneben. Die Klosterkirche hat ein Glockenspiel.

Der Boden ist überall gut, meist Bauschutt, wo er angebaut ist, da sind ausgezeichnete Gärten, mit Gewächsen aller Art, unter ihnen reichen die zahlreichen Palmgärten besonders hervor, mit ihren reifen Früchten. Die Gärten müssen sämmtlich bewässert werden, weil es hier nicht regnet, alles das viele öd liegende Land gäbe die schönsten und einträglichsten Gärten, wollte man nur für 3, 4, 5 Jucharten[59] einen Brunnen graben, eine Schöpfeinrichtung machen und dazu einen Ochsen oder ein Pferd unterhalten, was meist aus den abgängigen Gewässern geschehen könnte. Wo dies geschehen ist, da wächst die Fächerpalme, die Dattelpalme, Zuckerrohr, Reis, Mais, und Gemüse jeder Art, prächtige Maulbeerbäume und Feigenbäume, auch der Weinstock vortrefflich; wir sahen solche von der Dicke eines Fußes, der Stamm 3–4“[60] im Durchmesser, die sehr ausgedehnte Lauben bilden. Alle Gärten stehen in der schönsten Blüthe, alle Beete mit Rosmarinen eingefasst auf dieselbe Weise, wie wir in Europa mit Buchs[61]. Die Leute essen die Rettige samt dem Kraut, ebenso Lauch, Zwiebeln, Sellerie mit großem Appetit. Zu Salat dient nicht nur die Endivie, sondern auch das Cichorienkraut, besonders aber das Malvenkraut (Käslekraut)[62], davon man ganze Jucharten angepflanzt finden kann, die, wenn sie fußhoch sind, abgeschnitten und verkauft werden. Ebenso ausgedehnt werden Gurken und Melonen [an]gebaut. ... *Schön sind auch die Umzäunungen anderer Gemüsegärten mit Cacteen, deren Stämme Arm- und Schenkeldicke erreicht haben mit Blättern zwei bis drei Hände groß. ...*

Der Hafen und zwei Hügel sind mit Kanonen großen Kalibers sehr gut versehen. Die Südseite der Stadt hat zahlreiche Kasernen, ziemlich stattliche Gebäude. Das Militär ist gut, theils in blau Tuch mit rothen Baspols[63] oder ganz in weißes Leinen gekleidet. Die Lanzenmänner von Oberägypten und Nubien abgerechnet, die aber nicht mit dem regulären Militär in Berührung kommen durften. Das Exercitium[64] der regulären Militärs geschieht nicht mit Präzision, wie wir sahen. Wir wohnten ihrem Schlussexercitium vor dem Tage ihrer Einschiffung nach Constantinopel bei, was auf zwei Dampfern und zwei Segelschiffen geschah.

An Alterthümern fanden wir *über manchen Säulentrümmern*[65] einen Obelisken im Osten der Stadt nahe am Meer und eine Säule aus Granit etwa 80–90‘ hoch [aus Rosengranit] in der Nähe des türkischen Begräbnisplatzes südlich von der Stadt und nicht fern vom Nilarm, der daselbst in die Stadt führt und auf dem die Produkte des Inlandes fortwährend in die Stadt geführt werden, so dass in seinem Hafen Schiff an Schiff steht mit Weizen, Bohnen, Linsen, Stroh, Baumwolle etc., die auf Herden von Eseln in die Lagerungen der Stadt gebracht werden und in die Mühlen, die in großer Anzahl vorhanden sind, selbst in den schmutzigsten Quartieren. Nur eine einzige Handmühle bekamen wir zu Gesicht, die ein Weib benützte; die andern sind entweder Windmühlen, außen vor der Stadt, vielleicht ein- bis 200; oder Ochsenmühlen, diese in großer Anzahl, ein Mahlgang zu ebener Erde mit einem Getriebe und Zughebel. Diese sind meistens sehr unappetitlich, noch mehr aber der Transport des Mehls meist in offenen Körben durch die schmutzigen Gassen in die Bäckereien. Diese sind in genügender Anzahl vorhanden und zum Theil in den Händen der Europäer. Diese backen ein gutes Brod, das schmackhaft ist, wenn schon die Kleie unter dem Mehl bleibt fast alle klein, zu ¼, ½, u. 1 Piaster[66] und durchstochen; wo dies nicht der Fall ist, hat es Blasen und ist unansehnlich, wie vieles, das in Menge auf den Straßen verkauft wird. ... *Wenn mans aber bereiten und auf dem staubigen und kothigen Boden der Straßen herumlegen und herumwerfen oder in ganz schmutzigen Kleidern zum Verkauf herumtragen sieht, hat man fast genug vom ansehen. ...*

Am Montag den 20 Nov.
holten wir unsere Pässe, die auf dem Schiff bei der Ankunft abgegeben worden waren. Der Kapitän verlangte, wir sollen sie holen, und doch wussten wir nicht wo? Durch einen Engländer machte er uns verständlich, sie seien beim österreichischen Gesandten, aber sie waren nicht dort, wir wurden zum Preußischen Gesandten geschickt. Dort waren sie, aber wir konnten sie Vormittags nicht mehr erhalten, mussten über Mittag an Land bleiben und verzehrten bei einem deutschen zwei Krüge Bier à 3 Piaster und 4 Brodte zusammen 9 Piaster. Sehr theuer für geringes Bier, das nachher einigen Brüdern, besonders Bender, starke Bauchschmerzen machte. Die Ausfertigung der Pässe kostete nichts; der preussische Konsul war freundlich.

Unsere Schiffsleute waren im Aus- und Einführen zum Schiff sehr rücksichtslos, was uns manche Wartestunde und mehrere Ausgaben verursachte. Ein Türke fährt uns unter drei Piaster nicht ans Schiff und fordert gewöhnlich einen Schilling. Einer versprach uns um zwei zu führen, wollte aber am Schiff von jeder Person vier Piaster und machte fort, bis wir ihn mit drei Piastern abfertigten.

Die Witterung hier ist wie in unserer Heimath in der Mitte des Sommers und man sucht gern überall Schatten und etwas luftige Orte auf. Nur einmal hatten wir ein paar vorübergehende Regenschauer. Die Winde waren während unseres 11-tägigen Hierseins ziemlich veränderlich; die Abwechslung von Land- und Seewind war sehr merklich. Ins Land hinein konnten wir nicht gehen, sondern nur an den See südlich von der Stadt, über den das Festland herüber schaute und durch den auf einem aufgeworfenen Wall die neugebaute Eisenbahn läuft, die in fleißigem Betrieb ist. Auf den Hügeln liegen überall Mistkuchen, die zu Baumaterial gedörrt werden. Gemeiner Leute Weiber sammeln Koth mit den Händen in Körben, auf Eseln transportieren sie ihn dahin, ballen ihn mit den Händen und schlagen ihn auf einer Hand mit der anderen zu Kuchen, die gedörrt werden.

Mehrmals gingen wir an Ägyptischen Schulen vorbei, mit ca. 12 und 20 Schülern und einem Lehrer besetzt, alles auf den Füßen [sitzend] und auf dem Boden. Eine Holztafel hat jeder Schüler in der Hand und schreibt oder memorieren alle laut miteinander. Auf die erste [Schule] wurden wir aufmerksam durch das Geschrei eines Knaben, der vom Lehrer eben mit 1½' langem daumendicken Rohr die Bastonade[67] erhielt. Sie waren in gleichen offenen Schuppen wie die Waaren der Kaufleute. Man begreift kaum, wie hier unter solchem Lärm gelehrt und gelernt werden kann.

... Doch sollte ich alle die Eindrücke wiedergeben, die ich hier erhalten, mehrere Tage würden nicht hinreichen. – Von unserer ganzen Gesellschaft soll ich an alle herzliche Grüße ausrichten. Der Herr wolls versehen, dass ich bald von Jerusalem wieder schreiben kann. Indes grüßt Euch und alle unsere Freunde und Brüder herzlich und brüderlich. ...

Mittwochs den 22. Nov.
vormittags 10 Uhr setzte sich endlich unser Schiff in Bewegung um abzufahren; der Pilot geleitet uns eben aus dem Hafen und wir gehen in die offene See, die wir in wenigen Stunden erreicht haben werden und haben die Hoffnung bei gutem Wind in zwei oder drei Tagen Jaffa zu sehen. Der Herr gebe es, und eine gute Fahrt dazu und wir hoffen dann in 8–9 Tagen

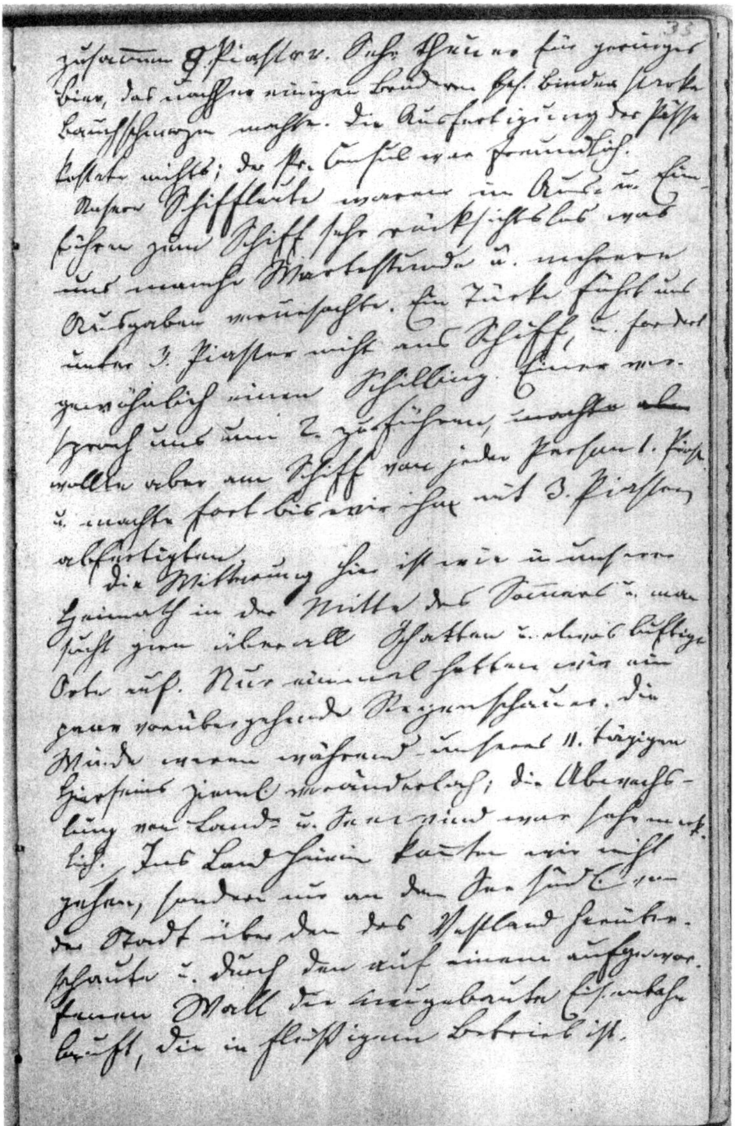

Kopie einer Originalseite aus dem Tagebuch (Familienbesitz).

Jerusalem zu sehen. Dank sei ihm für alles, was er bisher an uns gethan hat, seiner Güte wollen wir befohlen bleiben. Amen.

Mittwoch d. 22.
Donnerstag d. 23.
Freitag d. 24.
Wir fuhren mit Süd- und Südostwind nach Jaffa, eine sehr ruhige und angenehme Fahrt, als man sie nur wünschen kann, aber weil so langsam doch empfindlich für uns, weil uns jeder weitere Tag 16 ffc. kostet. Wie unangenehm musste es uns daher sein zu gewahren, dass unsere Schiffsleute anfangs zu weit nordöstlich getrieben hatten und um einen ganzen Tag gegen Südosten fahren mussten und dann gegen Osten. So wurden wir Freitag abend Land ansichtig, aber nur erst in dunklen Streifen, und noch eine Nacht mussten wir im Schiff harren, bis uns morgens die erfreuliche Landnähe (¼ Std.) angenehm überraschte. Es ist das Land unserer Glaubensväter, das Land der Verheißung, das Land des Herrn im engeren Sinn und unser neues Vaterland. Seine Küste niedrig und flach, diesen Morgen stark betaut, das Innere bis auf einen dunklen Gebirgsstreifen wegen einer dunklen Wolkenwand unseren Blicken verschlossen. Kleines Gestrüpp steht dünn umher, selten in der Ferne ein Baum; kleine Wellen machen seinen Boden ein wenig uneben und hemmen beinahe die Aussicht ins Innere, welche nur unmerklich sich erhebt und überall dieselbe Bildung zeigt.

Samstag Morgens 25. Nov.
sollte unsere Geduld aber nochmals eine Probe erleiden. Unsere Schiffsleute konnten Jaffa nicht finden. Wir sind scheints viel zu südlich an die Küste gekommen und fahren nun den ganzen Morgen direkt gegen Norden an derselben hinauf, so dass ich mich recht betrübte, eingedenk des son-

stigen Leichtsinns dieser Leute, die bei fast immer klarem Himmel so wenig und so schlecht ihren Weg an den Gestirnen beobachtet hatten. Überhaupt war es ihnen nicht drum zu thun gewesen, bald nach Jaffa zu kommen. Sie zogen zumal gestern die besten Segel eins nach dem anderen ein, so dass wir immer langsamer fuhren und erst diesen Morgen, da sie Jaffa nicht finden, spannen sie dieselben wieder aus.

Die Seekrankheit stellte sich im eigentlichen Sinn bei mir, meiner lieben Frau, Gruhler und Kienzle nicht mehr ein, die übrigen Brüder bekamen sie wieder, Bruder Flad voraus, aber auch Schumacher und Bender stark, letzterer mehr Bauchgrimmen, nicht Brechen, Maier nicht viel. Doch eine erhitzende Nervenaufregung, die uns Nachts nicht gut schlafen ließ, hatten wir alle.

Nun aber sei's dem Herrn gedankt, der uns bis hierher gebracht hat.

Von Alexandrien hatten wir eine Mitreisende, Französin, die nicht ohne Verdacht der Unkeuschheit.

Wir fanden durch Gottes gnädige Leitung eine freundliche Aufnahme bei Missionar Kruse in Jaffa, wo wir auch 2 Tage blieben, nämlich

Samstag 25. und Sonntag den 26. Nov.
und die Gegend ansahen, die mit ihren Gärten wirklich sehr schön ist.

Montag 27. Nov.
reisten wir mit Herrn Dr. Sandreczky nach Jerusalem, wo wir unter Gottes gnädigem Schutz bei dem rauhen Weg [am]

Mittwoch, den 29. Nov.
glücklich und von ganzer Gemeinde bewillkommt ankamen. Herr Pastor Valentiner begleitete uns ins Haus und betete

mit uns. Die Hausgenossen (Schäfer und Metzler) waren etwas verdutzt. Wir reinigten zuerst das sehr schmutzige Haus, was uns um so schwerer war, als wir das Reinsein noch nach europäischer Ansicht beurtheilten.

Bruder Schäfer war unwohl, und wir riethen ihm ins Spital zu gehen. Bruder Metzler trat bald freiwillig aus und begab sich nach Nazareth, um sich für eine Mission in Ophra[68] vorzubereiten. Schäfer kehrte später zurück und begab sich in die Ordnung. Auch wir kamen nach und nach in solche. Bruder Flad musste uns bald verlassen und mit Dr. Krapf eine Kundschaftsreise nach Abessinien machen. Die übrigen Brüder lernten ordentlich.

Wir genossen den Winter durch eine gute Gesundheit, nur dass meine liebe Magdalene in ihrer Schwangerschaft ziemlich zu leiden hatte, bis sie Montag Nacht den

9. Mai 1855
wirkliche Geburtsschmerzen bekam, dieselben dauerten von Montag Nacht an, Dienstag, Mittwoch, Donnerstag, Freitag, Samstag, wo wir morgens den Arzt holten, ihn um Rath zu fragen, ob meine liebe Frau wirklich gebären könne oder nicht; was Herr Dr. Semm bejahte. Er war den ganzen Tag hier, aber es kam zu keiner Geburt, auch die Nacht nicht, bis es um Mitternacht schien, sie geschehe jetzt eben; aber sie geschah nicht. Da ordnete er Sonntag den

15. Mai
früh 1 Uhr an, dass die Geburtsinstrumente geholt werden, die er alle zu wiederholtenmalen erfolglos bis zu Tagesanbruch anwandte. Nach 1 Std. Ruhe und da noch Herr Dr. MacGowan herbeigerufen war, wurden nach einer Gabe von Cloriform[69] die Instrumente aufs neue angewendet, aber ohne Erfolg. Nach einer neuen Pause ein neues Instrument, das

vom französischen Arzt entlehnt war, auch so ging es nicht; da erklärte mir Herr Dr. MacGowan, dass das Kind todt sei und in Stücken von der Mutter gebracht werden müsse, um diese zu retten. Ich gab dies zu, da bei dieser Bewandtnis auf das Kind nicht mehr Rücksicht genommen werden dürfe. Von da konnte ich nicht mehr beiwohnen, und zog mich zurück in brünstiges Gebet; worauf ich in Kurzem die Nachricht bekam, das Knäblein sei ganz zur Welt gebracht, aber todt, die Mutter aber gerettet.

Ich musste um ihrer Schwäche willen von ihr ferne bleiben. Die Nachgeburt ging ganz gut von statten, auch nachher erholte sie sich auffallend schnell. Dem Herrn sei Preis.

Unserm lieben Kindlein bereitete Bruder Kienzle ein Todtenhaus[70], worin es schön angekleidet gebracht wurde, nachdem auch die Mutter es gesehen hatte. Wir legten es Montag Abend

d. 16. Mai

auf dem englischen, protestantischen Gottesacker[71] in den Schooß der Erde, mit vielen Thränen. Der Herr lasse bei ihm und uns aus der Thränensaat eine Freudenerndte kommen.[72]

25. Sept. 1856

Der liebe Gott ließ uns nach der ersten Trübsalszeit und dem Tod unseres Erstgeborenen abermals Elternhoffnungen erfahren, aber auch Elternbangigkeiten zur Geburt. Nach langem ungewissen Harren zeigten sich

den 24. Sept.

nachts nach 10 Uhr die Anzeigen der herannahenden Geburtsstunde. Die Geburtsarbeit war zwar anstrengend, doch als morgens die Hebamme kaum ½ Std. hier war, ließ uns der treue und barmherzige Gott ohne besonders große Schmerzen und ohne Anstand um 5 Uhr ein gesundes Knäblein geboren werden. Er ließ auch die Tage des Wochenbetts bei Mutter und Kind gut verlaufen.

den 2 Nov.
wurde das Kind in der Zionskirche[73] getauft und ihm der Name Theodor Ludwig gegeben. Seine hiesigen Pathen sind die Herren Missionare Hefter und Crawford und Frau Baldensperger und abwesend Herr Hausvater Zluhan in Göppingen und Christine Mühlhäuser in Eschenbach. Der Herr schreibe seinen Namen ein ins Buch des Lebens und tilge unser aller Namen nie mehr aus seinem Buche. Das Kind ist uns eine wahrhafte Gottesgabe, wie sein Name heißt[74], und Ihm hinwiederum soll es immer uns gegeben sein und bleiben.

11. Okt. 1855
Schon von Anfang an als wir nach Jerusalem kamen dachten wir daran, ein Eigenthum zu erwerben. Darin bestärkte uns eine erfahrene Hinwegnahme unseres gemietheten Hauses und der theure Hauszins, wie endlich eine sich ergebende zweifelhafte Stellung zu Herrn Spittler und der Pilgermission. Wir beabsichtigten zuerst etwas von den Bürgern in Silwan[75] unterhalb der Stadt zu kaufen, aber der preussische Consul Dr. Rosen riet uns mit triftigen Gründen ab. Wir fanden endlich etwas oberhalb der Stadt, eine gute Viertelstunde von ihr entfernt, in der Richtung gegen Lifta hin und einige hundert Schritte westlich von dem Gut des englischen Consuls Herrn Finn [Kerem Abraham]. Nach längerer Unterhandlung kauften wir dieses heute auf dem Weg des Anlehens für die Summe von 8000 Piaster oder 800 fl.[76] ohne die Unkosten.[77]

Zeichnung des »Brüderhauses« in Jerusalem 1847
von Conrad Schick (1822–1901)

[1] Briefe »An die Cómittee der Pilgermission« im Staatsarchiv des Kantons Basel-Stadt; Privatarchive Nr. 653 C. F. Spittler. S. a.: *»Der Bote aus Zion«*, Jg. 69, Nr. 3, (1954), S. 22.

[2] Mitreisende waren seine Ehefrau Magdalena und die Pilgerbrüder; siehe auch Personenregister.

[3] In der Nähe von Basel.

[4] Der Krieg, der hier erwähnt wird, ist der Krimkrieg, der von 1853 bis 1856 dauerte und auch seinen Einfluss in Palästina hatte.

[5] Situation.

[6] Ffc. = französische Franken.

[7] (Franz.) colporteur, Hausierer, hier reisender Kleinhändler in Bibeln, christl. Büchern, Zeitschriften u.ä.

[8] (Franz.); verhängnisvoll, unvermeidlich.

[9] Schwäbisch für Wolldecken.
[10] Werkzeug zum Aufrauhen der Wolle.
[11] Mais.
[12] AT: 2. Mose 15, 26.
[13] Schwäbisch für entleihen, entnehmen.
[14] NT: Römer 12, 17.
[15] (Franz.) vereinbaren.
[16] Religionsunterricht.
[17] (Franz.) kleiner Ballen.
[18] (Franz.) Gastwirt.
[19] Schwäbisch für Arbeit.
[20] ' - Zeichen für »Fuß«, früheres Längenmaß, schwankte zwischen 0,25 und 0,34 m.
[21] Hier ist wahrscheinlich das »Unterdeck« gemeint.
[22] Veraltet für Toilette.
[23] Hier: Skizze eines Balken mit sägezahnförmigen Einkerbungen, eine Art Kletterbaum.
[24] Zweimaster.
[25] Schwäbisch für Versteck, enger Raum; hier Koje, Schlafstelle auf Schiffen.
[26] Schwäbisch für gewürfelte bzw. in Stücke geschnittene Kartoffeln.
[27] Hier meint Schneller vermutlich Korsika.
[28] Wechseln, ändern.
[29] Schiffbruch und Errettung des Apostels Paulus als Gefangener auf der Seereise nach Rom; NT: Apg. 27.
[30] Macchia.
[31] Wartetage.
[32] Ml. = 1 Seemeile = 1,852 km.
[33] Nicht vollständiger und textlich geänderter 3. Vers des Kirchenliedes: Befiehl du deine Wege ... von Paul Gerhardt (1607–1676); AT: Psalm 37, 5.
[34] (Ital.) Name der Insel Kreta.
[35] Gerefft.
[36] AT: Jesaja 40, 29.
[37] Schaum.
[38] Gehobener Ausdruck für: [Gnaden] Flügel.
[39] Küken, junges Geflügel; siehe auch NT: Matth. 23, 37.
[40] Das fehlende Wort ist ausradiert.
[41] Lot oder Senkblei, Tiefenmesser der Seefahrer aus Blei an einer Schnur.
[42] Vermutlich Möwen.
[43] Harem, (arab.) »verboten«; in islamischen Ländern der den Frauen und Kindern vorbehaltene, sonst nur dem Eheherrn zugängliche Teil des Hauses.
[44] Heute: Istanbul.
[45] Flache Dachneigung.
[46] Veraltet für Lotse.
[47] Moslem, veraltet für Anhänger des Islam.
[48] 5. Vers des Weihnachts-Kirchenliedes: Wir singen Dir Immanuel ... von Paul

Gerhardt (1607–1676), textliche Varianten dieses Liedverses in verschiedenen Gesangbüchern; AT: Psalm 14, 7.
[49] Mich daran [an einer Sache] erfreuen.
[50] Gesangbuch aus dem Selbstverlag des Pastor Straube, Falkenhagen bei Petershagen in der Mark, (51. Aufl. 1881).
[51] Auch: aufsätzig; bedrängen, Unannehmlichkeiten machen; Grimm, Leipzig 1854.
[52] Heute: Sevastopol' auf der Krim.
[53] AT: Psalm 90, 17.
[54] Offenes Dach.
[55] Auch für Schmutz.
[56] Irdenes Geschirr, Topf oder Gefäß.
[57] Kaffeehausbesitzer.
[58] Hier: Skizze ähnlich einer Trage oder einem Bett.
[59] Früheres süddt. Feldmaß: so viel Land, wie ein Gespann (Joch) Rinder an 1 Tag umpflügen kann (ca. 30–65a), Fischer, Hermann, Tübingen 1914.
[60] " - Zeichen für »Zoll«; früheres Längenmaß, 1 Zoll = 25,4 mm.
[61] Buxus sempervirens-Buxaceen, Heckenpflanze.
[62] Málva neglécta; populär: Käsepappel oder Käslekraut; Fischer, Hermann, Tübingen 1914.
[63] (Franz.) passepoil; Paspel, schmaler Randbesatz an Kleidungsstücken.
[64] Exerzieren.
[65] In anderer Handschrift hinzugefügt von Magdalene Schneller.
[66] (Ital.) piastra, Metallplatte, damalige türkische Währungseinheit.
[67] Von bastone (ital.) »Stock«, Prügel auf Fußsohlen und Rücken; im Orient noch im 19. Jahrh., auch bei Erwachsenen, als Strafe angewendet
[68] AT: 2. Chr. 13.19 (Ephron).
[69] Chloroform, wurde damals als Inhalationsnarkotikum verwendet.
[70] Sarg.
[71] Zionsbergfriedhof in Jerusalem.
[72] AT: Psalm 126, 5.
[73] Erste protestantische Kirche im Osmanischem Reich, gebaut auf dem Zionsberg in Jerusalem und wurde 1849 durch Bischof Gobat eingeweiht. Die Kirche befindet sich gegenüber der Jerusalemer Zitadelle.
[74] Griech. = Gottesgeschenk.
[75] Ortschaft an der östlichen Flanke des Kidrontals.
[76] Fl. = Florin, franz. Name für Gulden.
[77] Hier endet das Tagebuch und es beginnt das Kassenbuch mit Jahresabrechnung sowie verschiedenen Notizen über Ausgelehntes, Landkauf mit Olivenbäumen und nach Deutschland verschickte Waren.

Foto des ersten Syrischen Waisenhauses, die 25. Jahrfeier des Hauses 1885.

Personenregister

Baldensperger, Caroline, geb. Marx, aus Jerusalem, Taufpatin Theodor Schnellers, Frau von Heinrich Baldensperger, Chrischona Zögling. Wurde am 25.9.1850 mit Heinrich Baldensperger verheiratet. Heinrich Baldensperger wurde 1848 nach Jerusalem gesandt. Seit 1850 war er als Hausvater an der Zionsschule von Bischof Gobat in Jerusalem tätig. Er starb am 19. Januar 1896 in Jerusalem.

Baumann, Gebr.; Ein deutscher Geschäftsmann in Marseille, der sich im Auftrage Spittlers um die Brüder kümmerte.

Bender, Christian Friedrich, geb. am 16. Oktober 1827. Er war ein gelernter Steinmetz. Eintritt in St. Chrischona als

Zögling im Jahre 1851. Von 1854–1855 im Brüderhaus in Jerusalem tätig. Im Dezember 1855 wurde er nach Abessinien gesandt; seit Ende der 60er Jahre in Adoa. Im Jahre 1875 starb er in Alexandrien.

Crawford, Henry, geb. 1815, Missionar der Londoner Judenmissionsgesellschaft (LJS). Kaplan des Bischofs Gobat in Jerusalem und seit 1858 Nachfolger von Hans Nicolayson und Leiter der LJS bis 1860 in Jerusalem. Crawford starb am 19.3.1862 in England.

Finn, James, geb. im Jahre 1806. Von 1845 bis 1862 war er Englischer Konsul in Jerusalem. Im Jahre 1863 ist er von Jerusalem abgereist. Finn starb im Jahre 1872.

Flad, Johann Martin, geb. am 7. Januar 1831 in Undingen bei Reutlingen. Er war Sattler von Beruf. Von 1850–1853 Zögling in St. Chrischona. Er reiste 1854 nach Jerusalem und danach mit Dr. Krapf nach Abessinien. Später vier Reisen nach Abessinien. Seit 1866 Missionar in Abessinien im Auftrag der LJS. Flad wohnte am Ende seines Lebens in Korntal und starb dort am 1. April 1915.

Gengenbach, Emanuel, geb. am 12. Dezember 1816 in Basel. Studium der Theologie an der Universität Basel. Nach verschiedenen Stellen als Vikar und Landespfarrer wurde er 1850 zum Pfarrer der deutschen Gemeinde in Marseille ernannt, die hauptsächlich aus Schweizern und süddeutschen Kaufleuten bestand. Im März 1857 verlobte er sich mit Rosalie Wilhelm von Zofingen. Er sollte sie in Basel heiraten, starb aber plötzlich nach seiner Ankunft in Basel am 12. Juni 1857.

Gruhler, Johannes, geb. am 3. Januar 1833 in Aldingen. Gruhler war Weber von Beruf und trat als Zögling im Jahre

1852 in St. Chrischona ein. 1854 wird er für die Mission in Abessinien bestimmt. Johannes Gruhler trat seine Mission in Abessinien nicht an, sondern ging in den Dienst der Church Missionary Society (CMS) unter Gobats Leitung in Ramle bei Jaffa. Bis 1866 war er Missionar der CMS in Ramle. Gruhler siedelt in die USA über und wird dort Pastor. Er starb im Jahre 1905.

Hefter, Albert David, geb. 1819 in Dombrowa, Galizien. Hefter ließ sich in den 40er Jahren taufen. Er wurde 1853 nach Jerusalem gesandt und war bis 1861 dort bei der LJS tätig. Hefter war im Dienste der LJS 1862 in Perth (England), 1864 in Memel (Ostpreußen), 1869 in Posen, bis er nach Frankfurt am Main versetzt wurde. Er arbeitete dort bis zu seinem Ruhestand. Er starb 1896.

Kienzle, Johannes Jakob Gottlieb, geb. am 14. April 1833 in Kirschenhardthof bei Marbach in Württemberg. Er war von Beruf aus Metzger. Nach zweijähriger Ausbildung auf St. Chrischona wurde er für die Mission nach Abessinien gewählt. Kienzle war in Abessinien tätig bis zu seinem Tod am 29. Februar 1865.

Krapf, Johann Ludwig, Dr., geb. am 11. Januar 1810 in Derendingen bei Tübingen. Seit 1827 Zögling der Basler Mission. Danach trat er in den Dienst der CMS, die ihn 1837 nach Abessinien sandte. Als Pionier der Ost Afrika Mission reiste er einige Male in die Region und war auch in Ägypten tätig. Krapf starb am 26. November 1881 in Korntal.

Kruse, Wilhelm, geb. am 25. März 1799 in Elberfeld. Er war Zögling der Basler Mission und wurde im Dienst der CMS nach England gesandt und nach einem Jahr nach Ägypten geschickt. Von März 1853 bis 1861 war er in Palästina tätig. Er starb am 16. Februar 1885 bei London.

Maier, Johannes, geb. am 30. Juli 1831 in Lobenroth bei Cannstadt. Maier war von 1852 bis 1854 Zögling in St. Chrischona. Von 1854 bis Dezember 1855 war er im »Brüderhaus« in Jerusalem und wurde dann nach Abessinien gesandt. Er kam 1868 in den Libanon und war in Brumana bis zu seinem Tod am 6. April 1893 tätig.

MacGowan, Edward, Dr., geb. 1795. Er war der erste Arzt des englischen Krankenhauses der LJS in Jerusalem, von 1842 bis zu seinem Tod am 6. Februar 1860. MacGowan diente auch als Arzt im Diakonissenhospital der Stadt bis ein deutscher Arzt aus Kaiserswerth nach Jerusalem gesandt wurde.

Metzler, Peter Martin, geb. in Judenbach am 1. März 1824. Er war Schmied von Beruf. Metzler trat in St. Chrischona im Jahre 1849 ein. Er war Mitbegründer der »Pfingstweide« am Bodensee. 1852 Sendung nach Afrika mit Johann Ludwig Krapf. Wegen Krankheit kehrte er nach Europa zurück und wurde im Jahre 1853 nach Jerusalem gesandt. Von 1858 bis 1869 war er für die Pilgermission in Jaffa tätig. Er lebte seit 1876 in Stuttgart und starb dort am 8. Dezember 1907.

Mühlhäuser, Christina (gen. Christine), geb. Böhringer am 23. Mai 1819 in Bezgenrieth. Sie war die älteste Schwester von Magdalene Schneller und heiratete am 8. Juni 1843 den Gastwirt Johann Michael Mühlhäuser (sie erbten das Gasthaus ihres Vaters Joseph Böhringer: »Zum Schwarzen Adler« in Eschenbach). Sie war Taufpatin von Theodor Schneller. Christina Mühlhäuser starb am 15. November 1883.

Rosen, Georg, Dr., geb. am 24. September 1820 in Detmold. Studierte an den Universitäten Leipzig und Berlin. Von 1847 bis 1852 war er als Dolmetscher an der preußischen Gesandtschaft in Konstantinopel tätig. Er kam nach Jerusalem im Jahre 1852 und diente als preußischer Konsul 14 Jahre bis 1867. Bis 1875 war er im Auswärtigen Amt tätig und widmete die nächsten Jahre seines Lebens der Forschung. Er starb in seiner Geburtsstadt am 4. November 1891.

Sandreczky, Carl, Dr., geb. am 2. Mai 1810 in Bayern. Studierter und promovierter Jurist. Wurde durch König Otto von Bayern nach Griechenland berufen. 1840 trat er in den Dienst der CMS. Er wurde 1847 nach Smyrna gesandt und von dort 1851 nach Jerusalem. Er kehrte nach Deutschland zurück im Jahre 1871 und starb in Passau am 21. Juli 1892.

Schäfer, Christoph, geb. 1814 in Württemberg. Er war Zögling auf St. Chrischona und wurde 1853 zusammen mit Peter Martin Metzler nach Jerusalem gesandt. Er verließ das »Brüderhaus« im Jahre 1855 und eröffnete in Bethlehem einen Gasthof. Es starb dort im Jahre 1882.

Schneller, Magdalena (gen. Magdalene), geb. Böhringer am 1. Januar 1821 in Bezgenrieth. Nach der Schule zwei Jahre Hausgenossin beim Ortspfarrer Engel in Eschenbach, dann 1847–1849 Krankenpflegerin in Privatfamilien, 1850–1853 Erzieherin im Rettungshaus »Wilhelmsdorf« nahe dem Bodensee. Heiratet Johann Ludwig Schneller am 8. August 1854. Im Oktober gemeinsame Ausreise von St. Chrischona. Fünf Kinder: Theodor, Ludwig, Maria, Benoni und Johannes. Jahrelange Leiterin der Hauswirtschaft im Syrischen Waisenhaus. 1898 Verleihung des »Frauenverdienstkreuzes am weißen Band« durch die Kaiserin. Tod am 25. Mai 1902.

Schneller, Theodor Ludwig, D., geb. am 25. September 1856 in Jerusalem. Wurde in Württemberg Lehrer und studierte später an den Universitäten Tübingen und Basel Theologie. Kam 1887 nach Jerusalem zurück und wurde von 1887 bis 1896 Inspektor der Anstalt. Nach dem Tod seines Vaters wird er zweiter Direktor des Syrischen Waisenhauses. Während seiner Amtszeit wurde das Blindenheim und die Stationen Bir Salem und Nazareth gegründet. Er starb in Jerusalem am 16. April 1935.

Schumacher, Michael Johannes, geb. am 8. September 1825 in Bernhausen bei Stuttgart. Er trat 1850 als Zögling in St. Chrischona ein. Schumacher wurde 1854 nach Jerusalem gesandt, um auf die Arbeit in Abessinien vorbereitet zu werden. Er verlor dort den Mut und kehrte in die Schweiz zurück. Von dort wollte er in die Mission nach Amerika. Bei der Überfahrt ging sein Schiff »Austria« auf hoher See im Jahre 1854 unter.

Semm, eigentlich Herr R. Sim. Er war Chirurg im Dienste der Londoner Judenmissionsgesellschaft und Gehilfe von Dr. MacGowan von 1852/53 bis Mai 1856, und verließ dann Jerusalem hat. Sein Nachfolger war Dr. Archibald Simpson.

Spittler, Christian Friedrich, geb. in Wimsheim, Württemberg am 12. April 1782. Im Jahre 1801 kam er nach Basel und diente bei der deutschen Christentumsgesellschaft. 1815 Mitbegründer der Basler Mission und 1840 Gründer der Pilgermission auf St. Chrischona. Gründer des »Brüderhauses« in Jerusalem. Spittler starb in Basel am 8. Dezember 1867.

Spitze (?), vermutlich Spitzname für einen der mitreisenden Brüder.

Valentiner, Friedrich Peter, geboren in Schleswig im Jahre 1817. Valentiner war Pfarrer in Tönning und wurde 1852 nach Jerusalem berufen. Dort war er der erste deutsche evangelische Pastor in der Stadt bis zum Jahre 1866. Danach diente er in Pronstorf und in Preetz. Er starb im Jahre 1894.

Weißmüller, Gastwirt in Marseille.

Zinzendorf, Graf von, Nikolaus Ludwig, geb. in Dresden am 26. Mai 1700. Studierte in Halle und Wittenberg und wurde in Tübingen ordiniert. Im Jahre 1737 ließ er sich in Berlin die mährische Bischofswürde erteilen. Zinzendorf war Gründer der Brüdergemeine in Herrnhut, wo er am 9. Mai 1760 starb.

Zluhan, Johannes (Hausvater), geb. am 12. März 1813 in Lonsingen auf der Schwäbischen Alb. Zluhan gründete in Göppingen am 28. April 1839 die Kinderrettungsanstalt »Wilhelmshilfe«. 18 Jahre lang war er dort tätig. Diese Anstalt war für Johann Ludwig Schneller das Vorbild seiner in Jerusalem gegründeten Erziehungsanstalt. Zluhan wurde 1857 nach Lonsingen als Lehrer berufen. Er starb 1860 bei einem tragischen Eisenbahnunfall in Nürtingen. 1856 wurde er Taufpate Theodor Schnellers.

Abbildungsnachweis

Umschlag Titelseite:
Gustav Bauernfeind (1848–1904), Jerusalem, Aquarell (Staatliche Graphische Sammlung, München).

Umschlag Rückseite:
Grabstein der Schnellers auf dem Zionsbergfriedhof zu Jerusalem (EMS).

S. 6: Das Syrische Waisenhaus im Jahr 1886, Holzstich (APM).

S. 11: Anton Winterlin (1805–1894), Kleines Chrischona Panorama (Spittlerverlag 1845, APM).

S. 13: Hochzeitsfoto des Ehepaars Schneller August 1854 (Familienbesitz).

S. 32: Karte vom Mittelmeerraum mit der Fahrtroute der »Laurent Faney« (Umzeichnung).

S. 37: Ansicht von Alexandrien 80er Jahre des 19. Jahrhunderts (Privatbesitz).

S. 47: Kopie einer Originalseite aus dem Tagebuch (Familienbesitz).

S. 53: Zeichnung des »Brüderhauses« in Jerusalem 1847 von Conrad Schick (1822–1901), (APM).

S. 56: Foto des ersten Syrischen Waisenhauses, die 25. Jahrfeier des Hauses 1885 (Familienbesitz).

arteMedia • johannis

Werner Bergengruen
Südsehnsucht – Erzählungen
Paperback, 64 Seiten, illustriert von Victor Winteler.

Begegnungen und Erlebnisse schreiben bei Bergengruen immer Geschichte. Italienische Kulturstätten werden zum Ausgangspunkt mannigfaltiger Fantasien. Die normalsten Kleinigkeiten, die vom Dichter in einen größeren Zusammenhang gestellt werden, machen die Reiseerzählungen in diesem Buch zu einem wertvollen Kleinod im Büchermarkt.

Ruedi Heinzer/Heinz Liebich/Ueli Ott
Willy Fries – Markstein gegen das Vergessen
Hardcover, 96 Seiten, Farbtafeln von Willy Fries.

Willy Fries sah in den bildhaften Darstellungen des Evangeliums die Chance, seine Zeitgenossen dadurch aufzurütteln, dass er die Kreuzigung Christi als das menschliche Nein zu Gott wie einen Spiegel vor Augen hält. Im Nein zum Nächsten, zum Armen, zum Elenden ist die Menschenbejahung Gottes ins Gegenteil verkehrt und ist immer auch ein Nein zu Gott. Ein äußerst provokatives und glaubensstärkendes Buch!

Jochen Eber/Victor Winteler
Der du vor allen Zeiten warst –
Spuren Christi in Kunst und Liedern
Paperback, 128 Seiten, Farbtafeln.

Das Bild Jesu Christi spiegelt sich in Liedern und in der christlichen Kunst aller Jahrhunderte. In Liedtexten können wir noch heute nachvollziehen, wie Christen vergangener Zeiten und bis in die Gegenwart hinein Jesus als ihren Herrn loben. Die Frage nach dem Stellenwert der Kunst in Liturgie und Gottesdienst wird ebenso erörtert und an Hand von Beispielen zu eigenen Entdeckungen ermutigt sowie zum kreativen Umgang mit Bildern motiviert.